서술형 평가·면접·상식시험
이 한 권으로 끝!

# 신문은 선생님

**2024 상반기**

신문으로 정리하는
상식 공부의 필독서!

## 이 책을 읽는 법

① 열 가지 테마가 담겨있어요. 1주일에 두세 편의 기사를 꼼꼼히 읽어보세요.
② 연도나 숫자가 나오는 문장들은 따로 기록하며 읽어보세요.
③ 코너 마지막 퀴즈의 답이 되는 부분을 형광펜으로 칠해가며 읽어보세요.
④ 기사에서 다룬 주제로 다른 사례가 있는지, 인터넷으로 검색해서 정리해보세요.
⑤ '문장쓰기 기초 연습'으로 글쓰기의 기본을 익혀보세요.
⑥ '글쓰기 생각쓰기 연습'으로 자신의 생각을 글로 표현하는 실력을 키워보세요.

# 차례

✓ 다 읽은 페이지를 체크하면서 10가지 주제를 채워보세요.

글쓰기 실력을 키우는 방법 ........................................................... 04

문장쓰기 기초 연습 ........................................................................ 05

## 인문/역사

### 철학 · 고전 이야기

**1** 장 자크 루소
"학문 · 예술의 발달은 인간을 사치스럽게 하지!" ........................ 08

**2** 로알드 달 〈찰리와 초콜릿 공장〉
'초콜릿 공장' 새 주인이 되는 행운 거머쥔 아이는? ..................... 13

### 뉴스 속의 한국사

**3** 암각화(巖刻畵)
춤추는 주술사, 고래 50마리… 바위에 새긴 선사시대 ............... 17

**4** 조선의 어진(御眞)
초상화로 진짜 얼굴 알 수 있는 조선 임금은 4명뿐이죠 ........... 21

**5** 한산대첩
1시간 만에 왜선 73척 중 59척 격침, 전사자 9,000명 ............. 25

**6** 파독 광부와 간호사
1인당 소득 87달러 시절, 獨서 연 5,000만 달러 보내 ............. 29

### 숨어있는 세계사

**7** 노벨평화상
첫 여성 수상자는 反戰 운동한 노벨 친구 ................................... 34

**8** 동물 외교
이집트는 기원전부터 기린, 中은 7세기부터 '판다'로 외교 ........ 38

**9** 역사를 바꾼 청소년
16세 소녀, 인종차별 교육 폐지 앞장… 15세 소년은 점자 개발 ... 42

## 문화/예술

### 명화 돋보기

**10** '여행'을 주제로 한 그림
로마 · 피렌체 · 베네치아 풍경, 사진처럼 그렸어요 .................... 48

**11** 오스틴 리의 작품 세계
컴퓨터에 스케치하면 3D 프린터가 입체적으로 그려요 ........... 52

**12** 거리 미술
반항과 불법이던 벽화… 지금은 고가의 미술품 대우 받죠 ...... 56

### 디자인 · 건축 이야기

**13** 렘 콜하스
'게임하듯 건축' vs '폭넓은 도시철학자'… 틀 벗어난 신선한 건축에 극과 극 평가 ... 61

**14** 지하철 노선도
1931년 런던교통국 전기 기술자가 고안… 수직 · 수평 · 45도 대각선만으로 노선 구현 ... 64

**15** 자하 하디드
'건축계 노벨상' 수상한 최초의 여성… 벽 · 바닥 · 천장을 물 흐르듯 연결시켜 ... 67

## 과학/IT

### 동물 이야기

**16** 가면올빼미
보통 올빼미와 달리 하얗고 '끽끽' 울어… 얼굴은 하트 모양이에요 ... 72

**17** 회색관두루미
아프리카 텃새… 어른 되면 머리에 '금빛 왕관' 깃털 생겨 ......... 74

**18** 흑범고래
공동 사냥하고 같이 식사… 6~7년에 한 번씩 새끼 낳아요 ..... 76

## 재미있는 과학

| 19 | **이베리아스라소니**<br>다른 고양잇과 맹수보다 쫑긋 선 귀… 20년 전 100마리서 최근 1,600마리로 늘어 | 78 |
| 20 | **인공위성**<br>지구 상공 1만 대 넘어… 10㎝, 1.33㎏ 초소형 위성이 유행 | 81 |
| 21 | **냉동 인간**<br>영하 196도 액체질소로 급속 냉동… 150명 동면 중 | 85 |
| 22 | **동식물 '푸드 파이터'**<br>0.2초 만에 먹잇감 식별하고 꿀꺽, 비 오면 육식하는 식물도 | 89 |
| 23 | **인류세**<br>연간 닭 600억 마리 도축… 닭뼈, 현시대 지표 화석 될 수도 | 93 |

## 미래 이슈 따라잡기

| 24 | **캡슐 형태의 우주여행용 열기구**<br>'지구뷰' 화장실까지 갖췄다… 억소리 나는 우주열기구, 내년 첫 비행 | 98 |
| 25 | **본격 민간 우주시대 개막**<br>달 가려는 민간 기업들 "큰 돈 된다"… 뭘로 벌까 봤더니 | 100 |
| 26 | **감각까지 느낀다, '바이오닉 핸드'**<br>뼈·신경에 연결한 '첨단 의수', 내 손처럼 동전 주워 병에 넣었다 | 102 |
| 27 | **전자코, 진화는 계속된다**<br>의사도 과학자도 소방관도 될 수 있는 '전자코' | 105 |
| 28 | **중국이 '초거대 눈' 만드는 이유**<br>심해에 직경 4km 망원경… 세계 최대 망원경 건설 막바지 | 108 |
| 29 | **쫓고 쫓기는 '딥페이크 전쟁'**<br>딥페이크 교활해질수록 탐지기술도 정교해진다 | 111 |

## 경제/시사

### 경제·경영 돋보기

| 30 | **엔화 가치, 33년 만에 최저 임박**<br>달러당 엔화 152엔 육박 '수퍼 엔저' | 116 |
| 31 | **한국, '0%대 성장' 늪에 빠졌다**<br>올 3분기 연속 0%대… 포퓰리즘 빠져 경제 체질 개선 안 해 | 118 |
| 32 | **中, '나 홀로 디플레' 걱정**<br>수출도 6개월째 마이너스… 中 정부, 대규모 경기 부양책 | 120 |
| 33 | **주가 떨어지면 "공매도 탓"**<br>공매도, 왜 한국서만 '악마화'됐나 | 123 |
| 34 | **다이내믹 프라이싱 확산**<br>定價 이젠 없어요… 데이터 돌려 가격표 10분마다 바꿉니다 | 126 |
| 35 | **CEO들 '지정학 과외' 받는다**<br>툭하면 전쟁에 무역마찰… 컨설팅사 '지정학 전략' 도와주고 돈벌이 | 130 |

### 시사 이슈 따라잡기

| 36 | **세계 주요국 "용량 변경 고지해야"**<br>맥주 5㎖·참치 10g 슬쩍 빼… "숨긴 인플레는 사기" 용량 변경 표시 의무화 | 135 |
| 37 | **WP "美 팁 제도 기준 없고 엉망"**<br>카페에서도 팁 달라고?… 팁의 본고장 미국이 혼란에 빠졌다. | 138 |
| 38 | **아르헨·칠레 '비버 대란'**<br>귀엽다고 놔두다간 큰코 다칩니다… 모피 얻으려 들여왔다가 산림 황폐화 | 140 |
| 39 | **전장 바깥은 '문화 전쟁'**<br>反이슬람 vs 反뉴내수익… 선 세계서 상호 비방·충돌 | 142 |

**Special Pages** ☞ 2023년 하반기 꼭 알아야 할 시사 키워드 ......... 146

# 글쓰기 실력을 키우는 방법

 **한 문장에 주어와 서술어는 한 번씩!**

① 단문일수록 독자가 이해하기 쉽다.

② 짧은 문장일수록 읽는 맛, 리듬감이 살아난다.

③ 문법적으로 틀릴 일이 없다.

 **쉬운 표현으로 쓰자**

① 쉬워야 좋은 글이다. 글의 주인은 독자이고 독자는 쉬운 글을 원한다. 그러므로 단어도 말하려는 논지도 이해하기 쉬워야 한다.

② 구어체로 쉽게 쓰자. 말과 글은 다르다고 생각하니 단어가 딱딱해진다. 친구에게 재미있게 얘기를 해주듯 써야 한다.

 **명확하고 구체적으로 쓰자**

① 좋은 글은 팩트(fact)다. 불명확한 글, 결론이 없는 글은 독자를 짜증나게 만든다. 반면 명확하고 구체적인 글은 독자에게 여운을 준다.

② 구체적일수록 그럴듯하다. 독자는 '너무 예쁘다'가 아니라 예쁜 이유를 원한다. 세밀한 전달을 위해 자주 동원해야 하는 것이 '숫자'다.

# 문장쓰기 기초 연습

### 한 문장에 주어와 서술어는 한 번씩!
(1) 긴 문장은 나누어 쓰고, 접속사로 연결하자.

다음 문장을 짧게 나누고, 문장과 문장을 올바르게 연결해봅시다.

> **예시 문장** → 세계 최대 검색 엔진인 구글이 발표한 '올해의 검색어'에 한국 문화가 다수 포함됐는데 / 비빔밥은 레시피 부문 1위에 올랐고 / 방탄소년단(BTS) 정국의 솔로곡 '세븐'은 10위를 차지했다.
>
> **모범 답안** → 세계 최대 검색 엔진인 구글이 발표한 '올해의 검색어'에 한국 문화가 다수 포함됐다. **이중** 비빔밥은 레시피 부문 1위에 올랐다. **또** 방탄소년단(BTS) 정국의 솔로곡 '세븐'은 10위를 차지했다.

 국내 항공사에서 항공기에 탑승하는 승객들의 몸무게를 측정한다고 해 논란이 되고 있는데 항공사에서는 측정 자료로 운항 안정성을 높이고 불필요한 연료를 싣지 않아도 돼 에너지도 아낄 수 있다며 이유를 밝혔다.

_____

_____

_____

❷ 최근 젊은 층에서는 뛰거나 반려동물 이름으로 기부하는 등 이색 기부가 인기를 끌고 있는데 단순히 물건을 직접 기부하는 데 그치지 않고 자신의 취향이나 취미를 곁들여 놀이처럼 기부에 나선다는 것이다.

_____

_____

_____

정답은 QR코드를 찍어서 확인하세요!

# 문장쓰기 기초 연습

## 쉬운 표현으로 쓰자
(2) 어려운 외래어와 한자어 사용을 줄이자.

다음 문장에서 밑줄 친 부분을 쉬운 말로 고쳐봅시다.

> **예시 문장** ➡ 지역균형발전 등 국가의 <u>어젠다</u>를 해결하기 위해 힘을 모아야 한다.
>
> **모범 답안** ➡ 지역균형발전 등 국가의 <u>의제</u>를 해결하기 위해 힘을 모아야 한다.

❶ 전자기기 이용에 어려움을 겪는 노인들을 <u>타깃</u>으로 범죄를 저질러 공분을 사고 있다.

_____

_____

❷ 지하철 <u>스크린 도어</u> 고장으로 도착 시간이 10분 넘게 지연됐다.

_____

_____

❸ 서류를 제출할 때는 <u>필히</u> 자신의 이름을 적어주시기 바랍니다.

_____

_____

정답은 QR코드를 찍어서 확인하세요!

# 문장쓰기 기초 연습

### 명확하고 구체적으로 쓰자
(3) 꾸미는 말은 꾸밈을 받는 말 바로 앞에 온다.

다음 문장을 읽고 의미가 명확해지도록 고쳐봅시다.

| 예시 문장 | ➡ 오래된 사업가의 공책에는 연락처가 빽빽이 적혀있었다. |
| 모범 답안 | ➡ 사업가의 오래된 공책에는 연락처가 빽빽이 적혀있었다. |

❶ 진부한 영화의 줄거리에 크게 실망했다.

_____

_____

❷ 군중 속에서 어떤 물체가 날아오자 성급히 그는 몸을 피했다.

_____

_____

❸ 중동 국가는 석유 가격의 폭등으로 더욱 그 위상을 높일 수 있었다.

_____

_____

정답은 QR코드를 찍어서 확인하세요!

인문/역사 **1**

철학·고전 이야기

# 장 자크 루소

❝학문·예술의 발달은 인간을 사치스럽게 하지!❞

프랑스 계몽주의 철학자이자 소설가 루소입니다.

루소는 1712년 칼뱅파 신교도들의 공동체라 할 수 있는 스위스의 제네바에서 시계공의 아들로 태어났어. 그러나 태어난 지 9일 만에 어머니를 잃고 아버지의 손에서 자랐지. 열 살 때에는 퇴역 장교와 싸운 아버지마저 도망치듯 제네바를 떠나. 그 후 외삼촌에게 맡겨져 교육을 받다가 열여섯 살에 집을 나가 방랑 생활을 시작한단다. 뒷날 출세해 명성을 얻은 후에도 동료들과의 불화와 정치적 탄압을 피해 루소의 방랑 생활은 평생 동안 이어져.

### 인간 타락의 원인으로 '문명' 지목

방랑 생활을 하는 동안 루소는 작가 지망생, 수공업자, 신부의 조수, 음악 교사, 시종, 비서, 유랑 악단 단원, 토지 등기소 직원 등 참으로 많은 직업을 경험했어. 루소는 파리에서 새로운 악보의 표기법을 만들기도 했지만, 성공을 거두지는 못했지. 그러나 그 과정에서 당시 백과사전의 편집위원인 디드로에게 음악에 대한 집필을 의뢰받고 기고하면서 백과전서파 계몽주의 철학

위키피디아

자들과 친구가 됐어. 이 시기에 여인숙의 하녀 테레즈 르봐쇠르와 만나게 되지. 루소는 33세에 만난 테레즈 르봐쇠르와의 사이에 다섯 명의 자녀를 두었으나 모두 고아원에 보내 버렸어. 아이들이 시끄럽고 양육비가 부족하다는 이유였어. 그러나 루소는 이 일을 평생을 두고 후회하게 돼.

음악 관련 일로 생계를 이어가던 루소는 1750년에 발표한 '학예론(학문과 예술에 대한 담론)'으로 단번에 사상계의 스타가 됐어. 루소를 단번에 스타로 만든 '학예론'은 어떤 논문일까? 37세의 루소는 신을 무시하는 글을 쓴 죄로 뱅센의 감옥에 갇힌 친구 디도를 면회 가던 중이었어. 걷다가 더위에 지친 그는 그늘에서 잠시 쉬며, 손에 들고 있던 잡지를 읽기 시작했어.

그러다가 우연히 디종에 있는 아카데미에서 현상금을 걸고 논문을 모집한다는 기사를 보게 됐지. 논문의 제목은 '학문과 예술의 부흥은 인간을 도덕적으로 만드는 데 도움을 주었는가?'였어. 그 순간 루소는 수천 개의 등불이 동시에 정신을 밝히는 것 같은 영감을 받았어. 루소는 그 자리에서 정신없이 글을 써 내려 갔어. 루소는 논문에서 '본래 선하게 태어난 인간이 사회와 문명 때문에 타락했다'고 주

### 장 자크 루소

1778년까지 살았던 18세기 프랑스의 주요 사상가다. 평생 수많은 책을 쓰면서 인간의 본성에 대해 파고들었다. 인간은 자연상태에서는 자유롭고 행복하고 착했으나, 사회 제도와 문화에 의해 불행하고 억압받는 사악한 존재가 됐다고 주장했다.

계몽주의 철학자 디드로가 저술한 '백과사전'의 표지 그림. 과학과 이성을 통해 진리에 다가갈 수 있다는 계몽주의의 이상을 표현했어요.

장했어. 학문과 예술이 자연 속에서 꾸밈없고 순수하게 살아가던 인간을 본래의 자연스러움에서 벗어나 사치와 무절제로 몰아넣었다는 거지. 학자들과 예술 작품이라는 결과물로 정당화한다는 거야. 따라서 학문과 예술이 발달할수록 인류는 점점 더 사치와 방탕이라는 타락의 세계로 이끌려 갈 뿐이라고 했지. 루소의 이 충격적인 논문은 대단한 인기를 누렸어.

### "자연으로 돌아가라"

루소는 원시 상태의 인간이 선하고 건강하며 풍요롭고 행복했다고 봤어. 이런 인간이 불평등한 사회 속에서 신음하며 노예처럼 살게 된 이유를, 농업과 금속을 다루는 야금술의 발전이 가져온 '소유'와 '사유재산' 때문이라고 여겼지. 사유재산은 부자와 가난한 자, 강자와 약자, 주인과 노예라는 불평등을 가져왔고, 인간 사회에 소유와 사유재산이 허용되자 사람들은 남보다 더 갖기 위해서 서로 싸우고 악독하고 잔인한 짓도 서슴지 않게 되었다고 해. 이 과정에서 권력을 가진 부자들은 자신들의 이익을 지키기 위해 교묘한 방법으로 사회의 법과 제도를 만들었고, 이런 법과 제도 속에서 불평등은 더 심해지고 계속된다는 거야.

루소는 인간 사회의 불평등을 해결하고 없애기 위해서 "자연으로 돌아가라"고 외

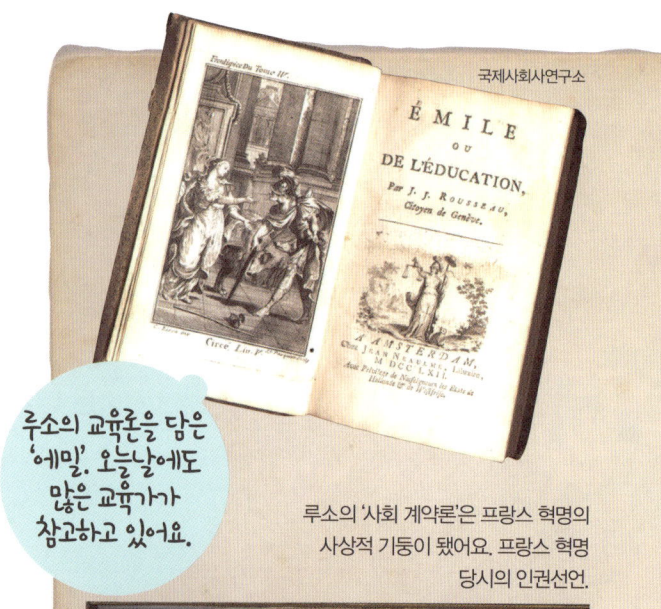

루소의 교육론을 담은 '에밀'. 오늘날에도 많은 교육가가 참고하고 있어요.

루소의 '사회 계약론'은 프랑스 혁명의 사상적 기둥이 됐어요. 프랑스 혁명 당시의 인권선언.

프랑스 파리 팡테옹에 있는 루소의 무덤.

쳤어. 원시의 자연 속에서 사람들이 가지고 있었던, 마음속의 착한 본성과 자유와 평등의 풍요로움을 되찾아야만 한다는 거야. 그런데 여기서 루소가 말하는 자연은 이전의 한 시대의 과거가 아니라 반문명의 상태를 말해.

### 프랑스 대혁명의 사상적 기초 된 사회계약론

루소는 불평등에서 벗어나려면 원시의 자연으로 돌아가야 하지만, 그럴 수 없다면 사회 속에서 자유를 갖출 방법을 찾아야 한다고 해. 그런데 이것은 각 개인들이 자유롭고 정당한 계약을 통해 만든 사회와 국가를 통해서만 가능하다는 거야. 이런 국가에서 인간은 자연 상태의 독립과 자유보다 더 나은 정치적 자유를 얻을 수 있고 그렇게 되면 더 이상 사슬에 묶여 있지 않아도 된다는 거지.

불평등한 신분제는 프랑스 혁명의 원인 중 하나였어요. 농민이 성직자와 귀족을 등에 짊어지고 있는 모습을 그린 만평.

## 어휘로 알아보는 장 자크 루소

**루소 사상의 탄생 배경**
루소는 불우한 어린 시절을 보냈고, 가난 때문에 자신의 다섯 아이를 고아원에 보냈어. 절대왕정에서 가난한 시민들이 억압받는 것을 보면서 사회의 불평등이 '사유재산제도'에서 비롯됐다고 봤지. 이런 배경에서 루소의 사상이 형성됐단다.

**인간 불평등 기원론**
'인간 사이의 불평등의 기원은 무엇이며, 불평등은 자연의 법에 의해 허용되는가?'라는 질문에 루소가 답한 논문이야. 1755년 네덜란드에서 출판됐고, 모두 2부로 구성돼 있어. 자연 상태에서 평등했던 인간이 어떻게 불평등에 짓눌리게 되었는지 그 이유와 과정을 설명했어.

**에밀**
에밀이라는 고아가 태어나서 결혼하기까지 성장하는 과정을 다룬 소설이야. 이 책에서 루소의 반문명적인 사상이 담겨있어.

**백과전서파 계몽주의**
계몽주의는 17~18세기에 유럽과 미대륙을 휩쓴 지적 사상운동이야. 교회의 미신적인 면과 독단적인 해석에 반대했지. 이런 움직임 가운데 있었던 프랑스의 디도르와 볼테르 등의 계몽주의 사상가들을 '백과전서파 계몽주의'라고 불렀단다.

**프랑스 혁명**
1789년 7월 14일부터 1794년 7월 28일에 걸쳐 일어난 프랑스 혁명이야.

이 혁명으로 인해 부르봉 왕조가 무너지고 공화정이 들어섰지. 혁명의 이념은 계몽사상가들에 의해 기초가 다져졌는데, 그 중에서도 특히 루소의 문명에 대한 비판과 인민주권론이 바탕이 됐어.

스위스 제네바의 론강에는 루소의 이름을 붙인 작은 섬이 있어요.

이것이 바로 루소의 사회계약론의 핵심인데, 시민들이 자신들의 생명과 이익을 보호하기 위해 자유로운 의견의 일치와 계약으로 국가를 만들었다는 거야. 루소에 따르면 올바른 정치를 하기 위해서는 일반 의지가 필요해. 일반 의지는 시민 모두의 의지를 말하는 것인데, 이것은 국가나 개인의 보존을 목적으로 하는 법의 원천이 되는 거야. 따라서 국가의 법은 일반 의지의 실행이라고 볼 수 있어. 그리고 시민들의 일반 의지는 국가의 일을 결정하는 권력이 되는데 이것이 바로 '주권'이야. 나라를 다스리는 주권이 시민 또는 국민에게 있다는 말은 바로 이런 뜻이지.

루소는 '사회계약론'과 '에밀'이라는 책 때문에 파리 대주교의 미움을 사게 되어 오랜 세월 파리를 떠나 쓸쓸한 노년을 보냈지. 그리고 1778년 아내 테레즈 르바쇠르가 지켜보는 가운데 자연의 품으로 돌아갔어.

루소가 죽은 지 11년 후인 1789년 프랑스에서 '프랑스 대혁명'이 일어났어. 불평등에 시달리던 파리 시민들이 힘을 모아 왕과 귀족을 몰아낸 거야. 이때 루소의 사회계약론과 '자유', '평등', '박애'의 사상은 수많은 시민들과 지도자들에게 혁명의 이념이자 정신적인 기둥이 되었어.

— **그린북** 〈서양철학 멘토 18명의 이야기〉

 1789년 프랑스 대혁명의 이념이자 정신적 기둥이 되었던 루소의 사상은 무엇인가요?

철학·고전 이야기

# 장 로알드 달
# 〈찰리와 초콜릿 공장〉

❝ '초콜릿 공장' 새 주인이 되는 행운 거머쥔 아이는? ❞

영국 작가 로알드 달입니다.

위키피디아

영국 국민 작가 로알드 달이 1964년 발표한 〈찰리와 초콜릿 공장(Charlie and the Chocolate Factory)〉은 미국에서는 교과서보다도 많이 읽힌 책으로도 유명합니다. 신비한 볼거리로 가득한 초콜릿 공장에서 펼쳐지는 이야기를 담은 이 책은 출간 이후 지금까지 세계 각국에서 1,300만 부 이상 팔려나갔어요.

### '황금 티켓'을 찾아라

금방이라도 무너져 내릴 것 같은 집에서 부모와 두 할머니, 두 할아버지와 함께 사는 소년 찰리 버킷. 찰리는 초콜릿을 가장 좋아해요. 하지만 집이 가난한 탓에 1년에 단 한 번, 생일날에만 초콜릿을 맛볼 수 있죠. 찰리 집 주변에는 세상에서 가장 큰 '윌리 웡카 초콜릿 공장'이 있는데요. 아무도 들어

철학·고전 이야기 | **13**

가 본 적이 없는 미지의 세계예요. 어느 날, 공장 주인 윌리 웡카 씨는 초콜릿에 숨겨진 황금 티켓을 찾아낸 다섯 어린이를 공장에 초대하겠다고 해요. 찰리는 기적적으로 마지막 남은 황금 티켓을 발견하며 윌리 웡카 공장에 들어가게 되죠. 찰리와 네 명의 어린이가 이곳에서 겪는 흥미진진한 이야기가 펼쳐진답니다.

### 착하게 살면 부자가 된다?

로알드 달의 작품은 대부분 '권선징악(勸善懲惡·착함을 권하고 악함을 징계함)'을 이야기합니다. 〈찰리와 초콜릿 공장〉도 비슷해요. 식탐 많은 소년 아우구스투스 글룹, 갖고 싶은 건 가져야만 직성이 풀리는 소녀 버루카 솔트, 껌을 입에 달고 사는 소녀 바이올

### 한 줄 명대사

"Greetings to you the lucky finder of this Golden Ticket, from Mr. Willy Wonka! I shake you warmly by the hand! Many wonderful surprises await you!"

"윌리 웡카가 드리는 행운의 골든 티켓 주인공이 된 것을 축하합니다! 당신에게 따뜻한 악수를 건넵니다! 수많은 놀라움이 여러분을 기다리고 있습니다!"

이 세상에 딱 다섯 장밖에 없는 골든 티켓에 적힌 말이에요. 골든 티켓을 발견하고 신나서 팔짝팔짝 뛰는 찰리의 모습이 그려지지 않나요?

윌리 웡카 초콜릿에는 황금 티켓이 숨겨져 있어요.

위키피디아

로알드 달은 런던 인근 그레이트 미센든의 '집시 하우스'에서 수많은 작품을 써냈어요.

로알드 달의 소설을 원작으로 만든 영화 '찰리와 초콜릿 공장'(2005)의 한 장면.

### 로알드 달 (1916~1990)
'타고난 이야기꾼'으로 불려…
20세기 가장 사랑받은 아동문학 작가

안녕하세요? 로알드 달입니다. 사람들은 저를 '타고난 이야기꾼'이라 부르더군요. 저는 1939년 제2차 세계대전이 일어나면서 영국 공군에 입대했어요. 이후 전투기 조종사로 활동하며 겪은 일을 담은 단편소설을 잡지에 발표하면서 작가로서 첫발을 내디뎠답니다.

본격적으로 어린이책을 쓴 건 아버지가 된 후예요. 아이들이 잠들기 전 들려주던 이야기를 엮어 만든 책이 '제임스와 슈퍼 복숭아'랍니다.

저는 현대 아동문학계에서 '가장 대담하고, 흥미롭고, 유쾌하고, 신나고, 재미있는 어린이책'을 만든 작가라는 평을 받아요. 1988년 출간된 '마틸다'는 출간 6개월 만에 50만 부가 팔리며 영국 어린이책의 역사를 새로 썼어요. 이 외에도 '멋진 여우씨' '내 친구 꼬마 기인' 등 다양한 어린이 동화를 썼답니다.

렛, 텔레비전에 중독된 소년 마이크 티비 등 네 어린이는 모두 이런저런 벌을 받고 공장에서 쫓겨나요. 이 아이들의 공통점은 '고약한 심보'죠. 찰리를 제외한 어린이들은 이기심과 욕심에 눈이 멀어 '대형 사고'를 연달아 치죠.

반면 마음씨 착한 찰리는 윌리 웡카의 초콜릿 공장을 이어받을 행운의 주인공으로 선정된답니다. 여러분도 오늘부터 하루에 한 가지씩 착한 일을 해보면 어떨까요? 찰리처럼 여러분에게도 엄청난 행운이 찾아올지 몰라요!

– 오누리 기자

## 글쓰기 생각쓰기 연습

**1** 〈찰리와 초콜릿 공장〉의 줄거리를 세 줄로 요약해보세요.

**2** 로알드 달의 작품은 대부분 '권선징악'을 이야기합니다. 〈찰리와 초콜릿 공장〉에서는 어떻게 권선징악을 그리고 있나요?

**3** 로알드 달은 '가장 대담하고, 흥미롭고, 유쾌하고, 신나고, 재미있는 어린이책'이라는 평가를 받은 여러 작품을 남겼어요. 그중 하나를 선택해 소개해보세요.

정답은 QR코드를
찍어서 확인하세요!

뉴스 속의 한국사

# 암각화(巖刻畵)

❝ 춤추는 주술사, 고래 50마리… 바위에 새긴 선사시대 ❞

울산광역시가 울산 울주군에 있는 국보 '천전리 각석(刻石)'의 명칭을 '천전리 암각화(巖刻畵)'로 변경하는 방안을 추진한다고 해요. '각석'이란 '글자나 무늬를 새긴 돌'을 말합니다. 1973년 이 유적이 국보로 지정될 무렵에는 바위 위에 글자와 무늬가 새겨져 있었기 때문에 '각석'이란 이름이 붙었지만, 근처에 있는 또 다른 국보인 '반구대 암각화(대곡리 암각화)'와 마찬가지로 '암각화'로 부르는 것이 더 적절하다는 의견이 나왔기 때문입니다.

'암각화'란 '바위 위에 새기기, 쪼기, 칠하기 등 기법으로 그린 그림'을 말합니다. 그런데 그런

울산 울주군 대곡리 반구대 암각화의 모습.

*하천 건너 보이는 평평한 암면이 반구대 암각화예요.*

유물이 국보까지 될 정도로 중요한 이유는 뭘까요? 그리고 현존 우리나라 암각화를 대표하는 울산의 두 암각화는 어떤 유적일까요?

### 천전리와 반구대 암각화의 발견

1970년 12월 젊은 미술사학자 문명대(현 동국대 명예교수)는 울산에서 원효대사의 자취가 서린 신라 절터를 찾고 있었습니다. 이때 주민에게 이런 말을 들었습니다. "절벽에 이상한 그림들이 보이는데 이끼가 끼고 흙탕물

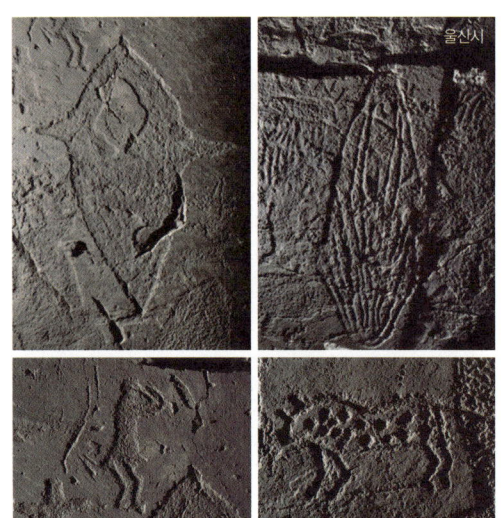

대곡리 암각화에 새겨진 바다 동물, 사람, 육지 동물 그림.

이 흘러내려 뭔지 모르겠다고 한다." 마애불(자연 암벽에 새긴 불상)일 거라고 짐작한 문 교수가 그곳에 다가가 보니, 뜻밖에도 수많은 그림과 기하학적 문양이 새겨져 있었습니다. 원효대사보다 훨씬 오래전에 살던 사람들의 흔적이 분명했습니다. 천전리 암각화가 발견된 순간이었죠.

이것은 시작에 불과했습니다. 1971년 두 차례 천전리 암각화를 조사할 때마다 인근 대곡리 마을 사람들이 "우리 마을 냇가 절벽엔 호랑이 그림이 있는데…"라고 말하더라는 것입니다. 그해 12월 문명대 교수는 김정배·이융조 같은 다른 학자들과 함께 배를 타고 그 그림을 조사하러 갔습니다. 출발한 지 10분 만에 아래쪽에 반질반질 윤기가 나는 암벽이 보였다고 합니다. 배를 대고 그곳으로 가까이 가 보니 '아, 이럴 수가…' 하는 탄성이 나왔다고 합니다. 호랑이는 물에 잠겨 보이지 않았지만, 아랫도리를 벗고 춤추는 사람, 바다거북

### 세계의 암각화

선사시대 암각화는 세계 각지에서 발견돼 역사 기록 이전의 삶과 문화·예술을 대변해 주고 있습니다. 스페인 북부의 알타미라 동굴 벽화는 들소 그림으로 잘 알려져 있고, 프랑스의 라스코 동굴 벽화엔 들소·황소·말 등이 그려져 있습니다. 인도와 아프리카 중부 지역에도 암각화가 분포돼 있죠. 아르헨티나에는 손 모양이 많이 그려진 리오 핀투라스 암각화가 있습니다.

그런데 알타미라와 라스코의 그림은 바위 위에 색칠했다는 의미에서 암채화(巖彩畵)라고도 합니다. 우리나라는 울산 말고도 경남 남해 양아리, 경북 고령 장기리와 포항 인비리 등 여러 곳에서 암각화가 발견됐지만 암채화는 없습니다. 전호태 교수는 "암채화는 오래 인적이 끊긴 오지에서 주로 발견되는데, 우리나라는 그런 곳이 거의 없어 보존되지 못했을 것"이라고 말합니다.

여러 마리, 새끼를 등에 태운 고래의 형상이 보인 겁니다. '반구대 암각화'가 발견된 것이었습니다.

### 글자 없던 선사시대의 생생한 기록

학자들은 반구대 암각화를 두고 '선사시대 한국인들의 거대한 기록화'라고 입을 모읍니다. 물이 빠진 뒤 드러난 반구대 암각화의 실체는 장엄했습니다. 너비 9.5m, 높이 2.7m의 평평한 암면에 새겨진 것은, 수면을 뚫고 솟구치는 듯한 50여 마리의 고래와 거북·물개 같은 바다 동물이었습니다. 한편으론 마을 사람들이 봤다는 호랑이를 비롯해 멧돼지, 소, 토끼 같은 육지 동물들도 빼곡했습니다.

천전리 암각화에 새겨진 청동기시대 기하학적 그림과 신라 때 문자.

그냥 동물들을 그린 것이 아니었습니다. 그 동물들은 사냥의 대상이었습니다. 여러 사람이 가득 탄 배가 고래를 쫓고, 작살과 그물, 창을 든 사냥꾼과 춤추는 주술사가 한곳에 파노라마처럼 펼쳐져 있는 것입니다. 2013년 조사 수치로는 모두 307점의 그림이 있었죠.

이에 대해 문명대 교수는 기원전 8,000~6,500년까지도 거슬러 올라갈 수 있는 신석기시대 작품이라고 봅니다. '한국민족문화대백과'에선 기원전 5,000년이라고 언급합니다. 문자가 없었던 선사시대 사람들이 그림으로 생생하게 남긴 대규모 기록이라는 것이죠. 청동기시대 초기라는 설도 있는데, 그때도 문자는 거의 쓰이지 않았을 것입니다.

반구대 암각화는 들과 바다에서 수렵과 어로로 짐승들을 사냥하며 춤추는 주술사를 중심으로 축제를 벌이던, 까마득한 옛날의 생활과 문화를 알려주는 보물 중의 보물입니다. 한반도뿐 아니라 세계적으로도 고래잡이의 역사가 그토록 오래된 것임을 입증하는 보기 드문 자료이기도 합니다.

근처 천전리 암각화는 신석기시대 말부터 청동기시대 이후까지 조성된 유적으로 생각됩니다. 굵고 깊이 새겨진 동심원과 겹마름모 같은 기하학적 무늬가 인상적입니다. 동심원은 하늘, 겹마름모는 땅을 형상화한 것으로 보여요. 그 밖에도 고래·상어·사슴·노루 같은 동물, 활로 뭔가를 겨눈 사람 같은 형상도 보입니다. 인물상과 기마행렬도, 신라 때 새긴 한자도 있죠. 김씨

스페인 알타미라 벽화는 바위에 색칠한 암채화입니다.

왕권을 수립한 사람들이 이곳을 찾은 뒤 기념으로 새긴 것으로 추정됩니다. 신라 때 이곳을 성스러운 기운이 감도는 명소로 여겼던 것 같습니다. 역사의 흔적이 중첩된 유적이라 할 수 있습니다. 전호태 울산대 교수는 암각화에 대해 한마디로 "바위에 새긴 역사"라고 말합니다.

### 암각화 훼손의 비극

하지만 유네스코 세계유산 등재가 추진되고 있는 울산의 암각화는 훼손이 진행되거나 우려되는 상황입니다. 반구대 암각화 앞을 흐르는 대곡천은 1965년 건립된 사연댐 때문에 물 높이가 상승했습니다. 이 때문에 1년에 두세 달은 암각화가 물에 잠기는 일이 이어져 매년 훼손이 거듭되고 있는 상황입니다. 물막이나 댐 수문을 설치하는 등 여러 가지 방안이 제시됐지만, 아직 확실히 이 문제가 해결된 것은 아닙니다. 반구대 암각화보다 훨씬 가까이 가서 들여다볼 수 있는 천전리 암각화는 2011년 사람 이름을 크게 한글로 쓴 낙서가 발견돼 세상을 놀라게 한 적이 있었습니다.

— 유석재 기자

**Pop Quiz**

 '선사시대 한국인의 거대한 기록화'로 평가되는 암각화는 무엇인가요?

### 뉴스 속의 한국사

# 조선의 어진(御眞)

❝ 초상화로 진짜 얼굴 알 수 있는 조선 임금은 4명뿐이죠 ❞

조선을 건국한 태조 이성계의 어진(御眞) 봉안 의례 재현 행사가 지난 10월 전북 전주에서 열렸어요. '어진'은 임금의 초상화를 말하고, '봉안'은 받들어 모신다는 뜻이에요. 어진은 진전(眞殿)이라는 건물을 지어 소중하게 모시고 제사도 지냈는데, 이 진전 중 하나가 전주에 있는 경기전이었습니다. 세월이 흘러 어진이 낡으면 똑같이 베껴 그리고 옛 그림은 불태웠어요. 이번 행사는 새로 그리기 위해 어진을 한양으로 옮겼다가 다시 전주 경기전으로 가져오는 과정을 재현한 것입니다. 왕의 초상화인 어진은 당대 최고의 화가들이 작업한 명품 중 명품이라고 할 수 있어요.

> 조선 태조 어진은 유일한 전신상입니다.

전북 전주 어진박물관에서 소장 중인 국보 조선 태조 어진.

### 태조 어진은 조선 왕의 유일한 전신상

국보로 지정한 조선 태조의 초상화는 지금 전주의 어진박물관이 소장하고 있습니다. 조선 시대

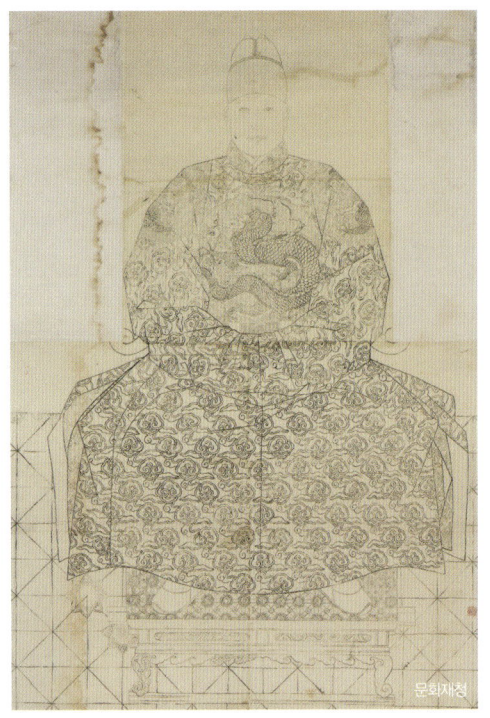

2018년 국립고궁박물관에서 공개된 조선 7대 임금 세조 어진 초본.

에 제작했다는 태조 어진 26점 가운데 온전하게 남아있는 유일한 어진입니다. 조선 말인 1872년 제작한 것이지만, 충실하게 옛 그림을 베껴냈기 때문에 원래 초상화를 그렸던 조선 초 기법을 잘 간직하고 있다는 평가를 받아요.

그림 속 태조 이성계는 임금의 복장인 곤룡포를 입고 익선관을 쓴 채 위엄 있는 표정으로 정면을 바라보고 있죠. 무인(武人) 출신다운 기개가 느껴지는 그림입니다. 적절한 음영을 넣어 얼굴이 살아 있는 듯한데, 옆으로 늘어진 귓불은 넉넉한 풍모를 말해 주고 있습니다. 자세히 보면 눈썹 위에 난 작은 혹까지도 세밀하게 그렸습니다.

조선 임금의 어진 중에서 전신상(全身像)으로 온전하게 남아 있는 것은 이 초상화가 유일하기 때문에 더욱 큰 가치를 지닙니다. 조선 왕조 500년 동안 임금은 모두 27명이었는데 어떻게 된 것일까요? 결론부터 말하자면 현재 남아 있는 조선 임금의 어진 중 얼굴을 알아볼 수 있는 것은 태조, 영조, 철종, 고종, 순종의 초상화뿐입니다. 이 다섯 임금이 아닌 다른 왕의 초상화는 대부분 1950년대 이후 상상력을 가미해 그린 것입니다.

### 부산 용두산 화재와 어진의 비극

조선 전기의 어진은 임진왜란과 병자호란을 거치며 많이 사라졌어요. 그래도 태조와 세조 어진은 보존됐습니다. 1921년 이왕직(李王職·일제강점기 조선 왕실의 일을 맡아 하던 관청)은 창덕궁에 신(新)선원전을 만들고 여러 궁궐에 흩어져 있던 역대 임금의 어진을 모아 봉안했죠. 1950년 6·25전쟁이 발발하자 이 어진들은 다른 옛 황실 유물 4,000여 점과 함께 임시 수

서울 종로구 국립고궁박물관에서 소장 중인 조선 21대 임금 영조 어진.

철종 어진은 왼쪽 부분이 불에 탔어요. 25대 임금 철종 어진.

도 부산으로 옮겨졌습니다. 용두산 근처에 있던 관재청 창고였죠. 1953년 휴전 이후에도 계속 그곳에 보관하고 있었습니다.

그런데 1954년 12월 26일 용두산에 큰 화재가 일어나 불길이 창고로 옮겨붙었고, 3,500점이 넘는 유물이 불타버렸습니다. 그렇게 소실된 유물 중에는 세조, 숙종, 정조, 순조, 헌종의 어진도 있었습니다. 일제와 6·25전쟁을 거치면서도 꿋꿋이 살아남았던 어진들이 한순간에 어처구니없이 사라져 버린 것입니다.

정조 어진 원본은 조선 시대 대표적 화가인 단원 김홍도가 제작에 참여한 작품이어서 안타까움을 더합니다. 놀라운 것은 화재 전 사진 촬영해 놓은 어진조차 없었다는 사실입니다. 그 왕들의 실제 모습이 어땠는지 우리는 영영 알 길이 없게 돼 버린 셈입니다.

### 살아남은 영조와 철종의 초상화

간신히 화마를 피한 몇 점의 어진은 그 가치가 더욱 커지게 됐습니다. 영조의 어진은 임금일 때 익선관을 쓴 상반신 초상화와 임금이 되기 전 연잉군 시절 초상화까지 다행히 2점이 살아남았습니다. 익선관을 쓴 어진은 보물로 지정해 서울 국립고궁박물관에 있는데, 51세 영조 임금의 모습을 그린 것입니다. '터럭 하나라도 같지 않으면 그 사람이 아니다'라는 조선 시대 초상화의 정신을 잘 구현했다는 평가를 받습니다. 예전에 드라마 '이산'에서 영조 역으로 출연했던 배우 이순재 씨와 상당히 닮은 얼굴입니다.

철종 어진은 그림 왼쪽 부분과 얼굴의 입 주변이 불타 버렸지만, 복원이 가능할 정도로는 남았습니다. 군복을 입은 조선 임금의 유일한 초상화라는 점에서 가치를 인정받고 있습니다. 군복의 화려한 채색에서 당시 화가들의 필력을 엿볼 수 있기도 하죠.

### 갑자기 세상에 나타난 '세조의 얼굴'

그런데 2016년 뜻밖의 소식이 전해졌어요. 세조의 어진은 불타 버렸지만, 1935년 이당 김은호 화백이 왕실의 주문을 받아 옛 어진을 베껴 그릴 때 만들었던 어진의 초본이 경매에 나온 것이죠. 다시 말해 세조의 얼굴이 세상에 공개된 겁니다. 그런데 사람들은 또 한 번 놀라지 않을 수 없었어요. 왕이 되는 과정에서 숱한 혈육과 신하들을 죽인 사람이라고는 믿을 수 없을 정도로 순박해 보이는 얼굴이었기 때문이죠.

'수양대군 시절 젊었을 때 초상화가 아니냐'는 말도 나왔지만 분명히 초상화 속 인물은 곤룡포를 입고 있었습니다. 얼굴에 수염이 거의 없는데, 이것은 김은호 화백의 생전 증언과도 일치합니다. 이 작품은 국립고궁박물관이 낙찰을 받았고, 아쉬운 대로 어진 복원 작업도 가능해졌습니다.

원광대박물관에 소장된 조선의 어진사화 채용신의 고종황제 초상.

조선 왕조의 마지막 두 임금인 고종과 순종의 어진도 현재 남아 있긴 합니다. 그러나 이들은 어진 말고도 사진이 많이 있기 때문에 우리는 두 임금의 얼굴을 잘 알 수 있어요. 그렇다면 오직 초상화나 초상화의 초본을 통해서 그 얼굴을 알 수 있는 조선 시대의 임금은 태조(1대), 세조(7대), 영조(21대), 철종(25대) 등 네 명뿐입니다.

이제 우리는 과거 문화재가 훼손됐던 경험을 거울삼아 남은 문화재를 더 잘 보존하는 데 힘써야 하겠죠. 그런데 아뿔싸, 전주에 있는 태조 어진은 2005년 무려 40㎝가 찢어져 얼굴의 귀와 입 부분이 크게 훼손됐다는 사실이 드러나 물의를 빚었어요. 관리 소홀로 인한 참사였습니다. 복원할 수 있는 정도였기에 망정이지 하마터면 큰일 날 뻔했던 것이죠. 생각보다 많은 경우, 훼손된 문화재는 다시 돌이킬 수 없다는 걸 명심해야 합니다. ●

— **유석재** 기자

 초상화를 통해서 얼굴을 알 수 있는 조선 시대 임금은 누구인지 모두 적어보세요.

## 인문/역사 5

# 한산대첩

뉴스 속의 한국사

> 1시간 만에 왜선 73척 중 59척 격침, 전사자 9,000명

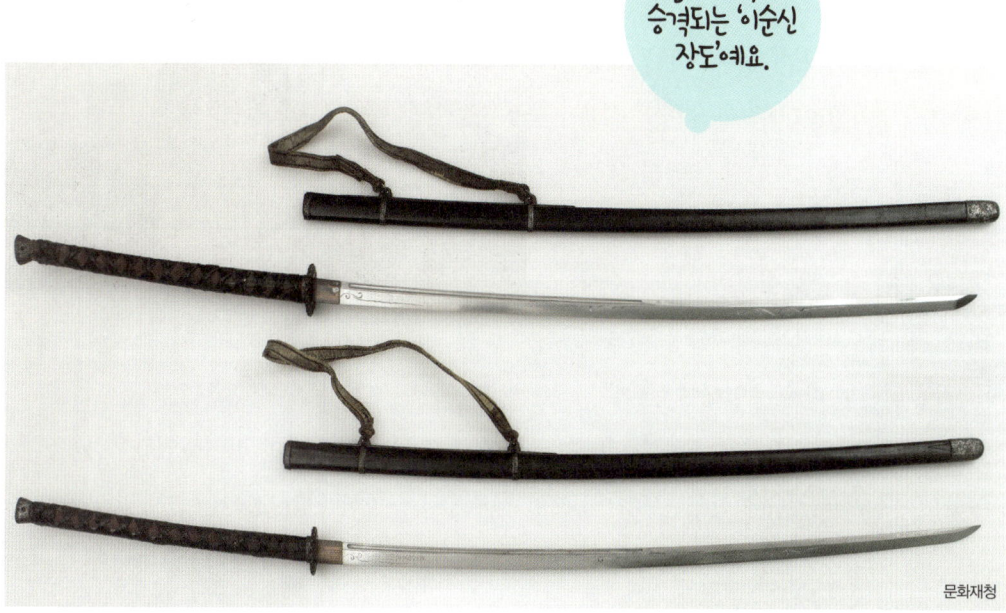

보물에서 국보로 승격되는 '이순신 장도'예요.

문화재청

 돌아가신 지 425년이 지났어도 여전히 뉴스에 자주 오르내리는 역사 인물이 있어요. 바로 충무공 이순신(1545~1598) 장군입니다. 이순신 장군의 칼을 국보로 지정한다고 예고됐고, 정조 때 편찬된 이순신 관련 중요 자료인 '이충무공전서'의 새 번역본이 출간됐다는 뉴스가 나왔어요. 경남 거제시에선 20억 원을 들여 만든 거북선을 폐기하기로 했다는 안타까운 소식도 들렸죠. 경남 통영에선 지난 8월 4~12일 제62회 '통영 한산대첩 축제'가 열리기도 했습니다. 이순신 장군이 왜군을 상대로 승리를 거둔 40차례 해전 중에서도 가장 빛나는 대승이었던 한산대첩(한산도 대첩)은 어떤 해전이었을까요?

뉴스 속의 한국사 | 25

### 견내량의 유인 작전이 성공하다

"적의 척후선(상대편의 형세를 정찰하기 위한 배) 두 척이 보입니다!"

1592년(선조 25년) 음력 7월 8일(양력 8월 14일), 이른 새벽 고성 당포를 출항한 조선 수군의 함대가 통영과 거제 사이 좁은 수로인 견내량이 보이는 바다에 이르렀어요. 왜군 척후선이 곧 북쪽으로 달아났지만, 적 함대가 멀지 않은 곳에 있다는 것이 분명했습니다. 좁은 견내량은 조선군의 큰 판옥선이 좌초(배가 암초에 얹힘)할 가능성이 있어 해전을 벌이면 위험했고, 육지와 섬이 가까워 배에서 내린 적이 도주하기 쉬웠죠.

이때 조선 수군을 이끌던 전라좌수사 이순신 장군은 이렇게 지시를 내렸습니다.

2022년 경남 통영 한산도 앞바다에서 한산대첩 재현 행사가 열렸어요. 100여 척의 선박이 참가해 한산대첩을 재현했어요.

경남 창원 부두에서 공개된 해군과 전문자문단이 재현한 거북선.

"적을 넓은 바다로 유인해야 한다!" 조선군의 판옥선 5~6척이 견내량으로 진입한 뒤 후퇴하는 척하자, 적장 와키자카 야스하루(脇坂安治)의 함대가 이 유인 작전에 걸려들었습니다.

와키자카는 한 달 전에 있었던 육지의 용인 전투에서 승리한 뒤라 '조선 수군도 육군처럼 별것 아니겠지'라고 얕잡아 봤을 것이라고 합니다. 그러나 왜군이 한산도 앞 넓은 바다에서 마주친 것은 거북선 2척을 포함해 약 60척에 달하는 조선 수군의 본진이었죠. 당시 왜군 함선은 73척으로 수적으로 우세한 듯 보였지만, 조선 수군은 진(陣)을 갖추고 전투 준비를 마친 상태였습니다.

### 병력 집결한 왜군 "서해로 진격하라"

이보다 석 달 전인 1592년 4월(이하 음력) 왜군의 부산 침공으로 임진왜란이 시작됐습니다. 조선군은 육상 전투에서 계속 패하며 선조 임금이 의주로 피란 가는 상황을 맞았습니다. 왜군은 육지와 바다에서 함께 공격을 한다는 수륙병진(水陸竝進) 작전을 펼쳤죠. 평양을 점령한 왜군은

전남 해남 우수영 울돌목에 조성된 '고뇌하는 이순신'상. 갑옷이 아닌 군인 평상복 차림으로 칼 대신 지도를 들고 있어요.

선조에게 편지를 보내 "우리 수군 10만 명이 곧 서해로 도착할 것인데 임금께서는 이제 어디로 가시렵니까?"라고 큰소리를 쳤습니다.

하지만 바다에서의 상황은 왜군의 뜻과 정반대로 전개됐습니다. 이순신이 이끄는 조선 수군이 5~6월 경상도 해안인 옥포와 당포·당항포·율포 등에서 연전연승했기 때문입니다. 그러자 임진왜란의 원흉이자 최고 권력자인 도요토미 히데요시(豊臣秀吉)가 6월 말 긴급히 명령을 내려 원래 수군 소속이던 와키자카를 육지에서 바다로 이동하게 했습니다. 전국시대 말기부터 해전으로 이름을 떨친 구키 요시타카(九鬼嘉隆)란 장수도 합세시켰는데, 수군 병력을 집결해 이순신 함대를 격파하고 서해로 진격하려는 계획이었습니다.

이 같은 상황에서 이순신은 큰 싸움을 준비했습니다. 7월 6일 전라우수사 이억기의 병력과 합세한 이순신 함대는 노량에서 경상우수사 원균의 함대와 합류했습니다. 다음 날 당포에 도착한 이순신 함대는 한 목동으로부터 '적선 70여 척이 견내량에 있다'는 정보를 입수했죠. 이순신은 장수들을 모아 작전 계획을 수립했습니다.

### 적선 59척 격파한 압도적 승리

7월 8일, 유인 작전에 걸려든 와키자카 함대를 맞은 조선 수군은 U자 형태로 적선을 포위해 가까운 거리에서 배 한 척이 적선 한 척을 상대로 총통을 발사했습니다. 이 대형이 학 날개 모양과 닮았다고 해서 학익진이라고 합니다. 당시의 화포는 정교하지 않았기 때문에 50m 정도 가까운 거리에서 총통과 화살로 일제히 공격해 적선을 격파하는 방법을 썼습니다.

이순신이 쓴 '임진장초'에는 당시 상황이 이렇게 기록돼 있습니다. "먼저 2~3척을 깨뜨리자 여러 배의 왜적들이 사기가 꺾여 도망치려 했다. 여러 장수와 군사와 관리들이 승기를 타고 분발해 앞다퉈 돌진하면서 총통과 화살을 마구 발사하니, 그 형세가 바람과 우레 같아 적함을 불사르고 적을 사살하기를 일시에 거의 다 해버렸다."

조선군의 압승이었습니다. 와키자카 함대 73척 중 59척이 격침당했습니다. 왜군 전사자는 약

2022년 개봉한 영화 '한산: 용의 출현'에서 이순신 역을 맡은 배우 박해일이 학익진을 구상하는 장면.

9,000명으로 추정됩니다. 조선 수군은 거의 피해가 없었습니다. 실제 해전에 걸린 시간은 1시간 정도에 불과했을 것이라고 합니다. '한산대첩을 실제 일어난 대로 영화로 만든다면 별로 재미없을 것'이라는 말이 있을 정도로 일방적인 승리였죠. 지난해 개봉한 영화 '한산'은 와키자카가 좀처럼 유인책에 말려들지 않았고 왜군도 화포를 썼다고 묘사했지만 사실과 다릅니다. 극적 재미를 위한 설정이었던 것으로 보입니다.

### 왜군의 수륙병진 작전도 좌절

이틀 뒤인 7월 10일, 이순신 함대는 와키자카를 뒤따라 온 구키 요시타카의 함대를 공격해 약 20척을 격파하는 승리를 거뒀습니다. 이것이 안골포 해전인데, 이 전투를 한산대첩에 포함하기도 합니다. 한산대첩은 '세계 해전에서 보기 드문 정교한 포위 섬멸전'인 동시에 '왜군의 수륙병진 작전을 결정적으로 좌절시킨 전투'라는 평가를 받습니다. 5년 뒤 정유재란이 일어나기 전까지 왜군은 바다에서 더는 공세에 나설 수 없었고, 바다를 통한 보급로마저 차단당했습니다.

유성룡은 '징비록'에서 "해안을 온전히 보존할 수 있었기에 군량을 조달하고 중흥을 이룩했고, (중국의) 요동(랴오둥)과 천진(톈진) 등에 적의 손길이 닿지 않아 명나라 군사들이 육로로 올 수 있었으니 모두 이 싸움(한산대첩)의 공이다"라고 했습니다. 마지막으로, '대첩(大捷)'은 '큰 승리'란 뜻이며 '큰 싸움'이란 의미가 아니므로 잘 가려서 써야 하겠습니다.

— **유석재** 기자

**Pop Quiz**

한산대첩이 이순신 장군이 왜군에게 승리한 40차례 해전 중에서도 가장 빛나는 대승으로 평가받는 이유는 무엇인가요?

인문/역사

# 6 파독 광부와 간호사

뉴스 속의 한국사

> 1인당 소득 87달러 시절, 獨서 연 5,000만 달러 보내

1964년 12월 박정희 대통령과 육영수 여사 부부가 함보른 광산 회사를 찾아 파독 광부 기숙사를 둘러보고 있어요.

독일 탄광에서 지하 800~1,000m 암벽 천장을 떠받치는 쇠기둥을 세우는 작업 중인 파독 광부들.

2023년은 '파독(派獨) 광부' 60주년이 되는 해였습니다. 1963년 12월 22일 서독 뒤셀도르프 공항에서 한국인 파독 광부 1진 123명이 처음 독일 땅을 밟았습니다. 그런데 '파독'이 뭘까요? '독일로 파견한다'는 뜻입니다. 그럼 '서독'은요? 제2차 세계대전 이후 독일은 서쪽의 독일연방공화국(서독)과 동쪽의 독일민주공화국(동독)으로 분단됐다가 1990년 다시 통일됐습니다. 동독은 공산주의 국가였고, 우리나라의 우방국은 자유민주 진영인 서독이었죠. 그런데 왜 서독에 우리 광부를 보내야 했을까요?

## 서독으로 떠난 '신사 광부'들

1960년대 초 대한민국 현대사는 많은 우여곡절을 겪었습니다. 1960년 3·15 부정선거를 계기로 4·19 혁명이 일어나 대통령 중심제였던 제1공화국이 끝나고 의원내각제의 제2공화국이 들어섰습니다. 그러나 1961년 5·16 군사정변 이후 군정이 실시되다가 1963년 10월 5대 대통령 선거가 이뤄져 다시 대통령 중심제의 제3공화국이 출범했죠.

이때 새 정부의 큰 관심사는 가난에서 벗어나 경제 발전을 이루는 동시에 실업난을 해소하는 일이었습니다. 그런데 이건 당장 해결할 수 있는 문제가 아니었어요. 1963년 우리나라 1인당 국민소득은 겨우 87달러였습니다. 3만 달러가 넘는 지금과는 대단히 격차가 컸죠. 인구는 2,400만 명인데 실업자는 250만 명이 넘었고, 종업원 200명 이상 기업은 54곳뿐이었습니다.

이런 상황에서 우리나라 인력을 수출한다면 외화를 얻는 동시에 실업난도 어느 정도 해결

조선일보DB

청와대 개방 1주년을 맞아 전시된 파독 광부의 헬멧과 파독 간호사의 청진기.

할 수 있었겠죠. 정말 그럴 기회가 생겼습니다. 서독은 전쟁 이후 경제 부흥을 이루는 과정에서 노동력이 부족했습니다. 쉽게 말해 잘사는 나라 사람들이 위험하고 어려운 일을 기피했기 때문이었죠. 이 때문에 외국인 노동력 유입이 절실했습니다. 그래서 1963년 우리나라와 서독 정부는 광부 임시 고용에 대한 협정을 맺었습니다.

처음에 367명을 뽑은 파독 광부에는 지원자가 2,800여 명 몰렸습니다. 중졸 이상, 병역을 마친 남성이라는 조건이었습니다. 매달 600마르크(160달러) 정도의 급여는 당시 국내 직장인 월급 8배나 됐다고 합니다. 신문마다 합격자 명단을 사법시험 합격자처럼 지면에 냈습니다. 합격자 중 대졸자가 18%나 돼 '신사 광부'라고도 불렀는데, 심사에 붙으려고 일부러 연탄 가루를 손

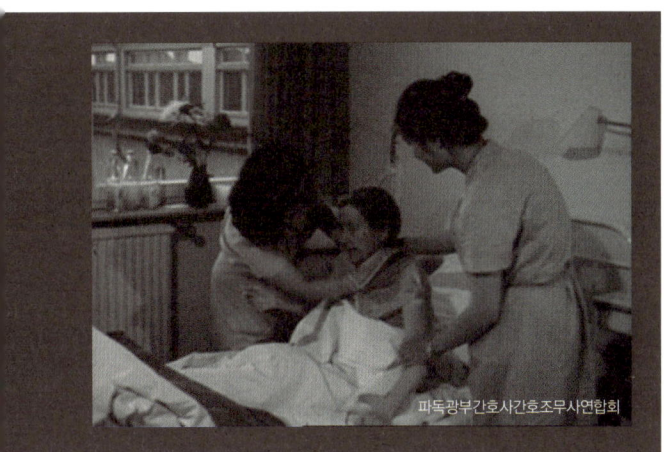
파독광부간호사간호조무사연합회

파독 간호사가 독일 한 병원에서 독일인 환자를 보살피는 모습.

에 묻혀 험해 보이게 하는 일도 있었다고 전합니다.

### 한국인 남녀, 힘들고 험한 일 도맡아

비슷한 시기 많은 우리나라 간호사들도 서독행 비행기를 탔습니다. 역시 서독의 간호사 인력 부족 때문이었죠. 1950년대부터 여러 경로로 간호사를 보냈고, 1966년에는 한국해외개발공사가 서독 측과 업무 계약을 맺어 대규모 파견이 진행됐다고 합니다.

'재독 동포 50년사'(2015)에 따르면 1963년부터 1977년까지 우리나라 정부가 서독에 파견한 광산 근로자는 7,936명, 간호사는 1만 723명이었습니다. 1970년대 '서독'이란 나라 이름이 나오면 반드시 '우리 광부 아저씨들과 간호사 누나들이 많이 가 있는 곳'이란 설명이 뒤따를 정도였습니다.

작업 환경은 무척 혹독했습니다. 광부들은 섭씨 30도의 지열이 부글부글 끓어오르는 듯한 지하 1,000m 작업장에서 50㎏이나 되는 작업 도구를 가지고 들어가 중노동에 시달렸습니다. 먼지와 석탄 가루를 마셔야 했고 까매진 밥으로 허기를 채웠습니다. 골절상은 다반사였고 작업 중 사고로 희생된 사람도 27명이나 됐습니다.

힘든 업무는 간호사들도 마찬가지였습니다. 낯선 땅 병원에 도착해서 의사소통이 제대로 될 리 없었습니다. 병실을 청소하고 환자의 용변을 돕거나 식사 수발을 하는 일도 업무 분담이 이뤄지지 않은 채 한국인 간호사 몫이 됐다고 합니다. 시체를 거즈로 닦는 일까지 했다는 얘기도 있습니다.

고국에서 교육받은 고급 인력이었던 이들이 왜 당시 이역만리 타국으로 떠나 이런 고생을 해야 했을까요. 이유는 단 하나, 너무나 가난한 나라에서 태어났기 때문이었습니다. 당시 한 간호사는 "도대체 우리나라는 언제쯤이면 가난을 벗어날 수 있을까요?" 하며 오열했다고 합니다.

### 후손을 위한 '번영의 터전'

1964년 12월 박정희 대통령이 서독을 방문했습니다. 서독에서 차관을 얻고 중화학공업 기술을 전수받고자 함이었습니다. 서독의 고속도로 아우토반을 보고 경부고속도로 건설의 영감을 받기도 했다고 합니다. 대통령은 12월 10일 함보른 탄광 회사를 방문해 한국인 광부·간호사 350명과 만났습니다.

당시 통역관 백영훈의 회고에 따르면 강당에서 광부 밴드가 애국가를 연주했는데 "대한사람 대한으로"부터는 흐느끼는 울음소리 때문에 더 이상 노래가 들리지 않았다고 합니다. 대통령은 연설을 시작했습니다. "고향 땅 생각에 괴로움이 많을 줄로 생각되지만… 조국의 명예를 걸고 열심히 일합시다. 비록 우리 생전에는 이룩하지 못하더라도, 후손을 위해 남들과 같은 번영의 터전만이라도 닦아 놓읍시다." 여기서 연설은 중단됐는데, 장내를 가득 메운 울음소리에 대통령마저 눈시울을 붉혔기 때문이었습니다. 영부인 육영수 여사와 수행원들도 눈물을 감추지 못했다고 합니다.

대통령은 연설을 이어갔습니다. "여러분! 난 지금 몹시 부끄럽고 가슴이 아픕니다. 대한민국 대통령으로서 무엇을 했나 가슴에 손을 얹고 반성합니다. 나에게 시간을 주십시오. 우리 후손만큼은 결코 이렇게 타국에 팔려 나오지 않도록 하겠습니다. 반드시, 정말 반드시."

파독 광부와 간호사들이 본국에 송금한 돈은 연간 약 5,000만 달러로 한때 우리나라 국민총생산(GNP)의 2%에 이를 정도였다고 합니다. 번 돈을 모두 고국에 보내고 나니 빈손이 돼 돌아오지 못하고 현지에 남은 사람들도 있었습니다. 그러나 그들이 보낸 돈은 이후 '한강의 기적'이라고 하는 우리나라 고속 경제성장에 소중한 종잣돈이 됐다는 평가를 받습니다.

— **유석재** 기자

## 글쓰기 생각쓰기 연습

**1** '파독 광부'와 '파독 간호사'는 어떤 사람들을 말하나요?

**2** 서독에 우리 광부와 간호사를 보낸 이유는 무엇인가요?

**3** '파독 광부'와 '파독 간호사'의 업적은 어떻게 평가받고 있나요?

정답은 QR코드를 찍어서 확인하세요!

인문/역사 7 숨어있는 세계사

# 노벨평화상

*"첫 여성 수상자는 反戰 운동한 노벨 친구"*

노르웨이 노벨위원회가 지난 10월 이란 여성 인권운동가 나르게스 모하마디(51)를 노벨평화상 수상자로 선정했습니다. 모하마디는 이란에서 여성의 히잡 착용을 반대하고 사형 제도 폐지를 촉구하는 등 다양한 사회 운동을 이끌었어요. 그는 이란 정부의 탄압으로 여러 차례 옥고를 겪었고, 지금도 수감 중입니다. 노벨위원회 측에서는 "모하마디가 이란의 여성 억압에 맞서 싸웠고, 모든 사람의 인권과 자유를 증진하는 데 기여했다"며 선정 이유를 밝혔어요.

인류 평화에 이바지한 사람에게 주는 노벨평화상 메달.

위키피디아

1901년 최초 노벨평화상 수상자 앙리 뒤낭입니다.

　현재 전 세계적으로 '평화상'은 수백 개에 달한다고 해요. 그중 노벨평화상은 가장 명성이 높고 대중에게 친숙하죠. 노벨평화상은 1901년부터 2023년까지 총 104회 수여됐어요. 노벨평화상에 숨어 있는 재미있는 이야기들을 알아봐요.

## 주트너, 노벨평화상 생기는 데 일조

1905년 여성 최초로 노벨평화상을 받은 베르타 폰 주트너.

알프레드 노벨이 세상을 떠나기 1년 전인 1895년 남긴 유언으로 5개 분야 노벨상이 시작됐어요. 노벨은 스웨덴 출신 화학자·엔지니어·발명가로, 다이너마이트를 발명한 것으로도 유명합니다. 5개 분야는 문학, 화학, 물리학, 생리학 또는 의학, 평화예요. 그중 평화상은 "국가 간 형제애, 상비군 폐지나 축소, 평화 회의 개최와 진흥을 위해 최대 또는 최고의 일을 한 사람에게 준다"고 명시돼 있죠.

그런데 노벨은 왜 다른 학문 분야가 아닌 평화상을 만들었을까요? 노벨이 평화 운동에 관심을 갖도록 영향을 미친 사람은 베르타 폰 주트너로 알려져 있어요. 주트너는 19세기 말 대표적인 유럽 평화운동가이자 작가로 유명해요. 노벨의 개인 비서로 잠시 일했고, 둘의 우정은 서신을 통해 죽을 때까지 이어졌어요.

주트너는 반전(反戰) 소설 '무기를 내려놓으라!(1889)'를 출판하며 국제적 인지도를 얻었어요. 이 작품은 전쟁의 참혹함과 평화의 중요성을 다뤄요. 19세기 가장 영향력 있는 서적 중 하나로, 유럽 전역에서 평화 운동에 큰 반향을 일으켰어요. 주트너는 '평화 운동의 대통령'이라는 별명도 얻었어요. 그는 '유럽을 통합하는 것이 새로운 전쟁을 막을 수 있는 유일한 방법'이라며 시대를 앞서간 주장을 펴기도 했습니다.

주트너는 노벨에게 평화에 대한 자신의 생각을 전하며, 노벨이 평화 운동에 참여하도록 독려했어요. 처음엔 평화 운동에 회의적이던 노벨은 서신에서 "나를 설득한다면 평화 운동을 위해 뭔가 대단한 일을 하겠다"고 밝혔죠. 이후 노벨은 평화 운동의 중요성을 깨닫고 평화상을 만들었어요. 1905년 주트너는 노벨평화상을 수상한 최초의 여성이 됐어요.

## 국제적십자위원회는 3회로 최다 수상

스위스 제네바에 본부를 둔 국제적십자위원회(ICRC)는 역대 최다 노벨평화상 수상자입니다.

1917·1944년 1·2차 세계대전에서 전쟁 피해자와 포로를 도운 공적(功績)으로, 1963년에는 단체 설립 100주년 기념으로 수상했어요. ICRC 설립자인 앙리 뒤낭은 1901년 최초 노벨평화상 수상자이기도 해요.

스위스 사업가 앙리 뒤낭은 당시 프랑스가 점령하고 있던 알제리에서 사업을 하고 있었어요. 1859년 사업상 문제를 해결하기 위해 프랑스 황제 나폴레옹 3세를 만나러 이탈리아로 떠났습니다. 그가 이탈리아 북부 작은 마을 솔페리노에 도착했을 당시 북이탈리아 해방을 위해 사르디니아·프랑스 동맹군과 오스트리아 군대가 교전을 벌이고 있었어요. 하루 만에 사상자가 약 4만 명이나 나왔어요. 뒤낭은 전투의 참상과 의료진의 부재 상황을 목격하고 충격을 받습니다. 그는 여행의 원래 목적을 완전히 잊어버리고 며칠 동안 부상자 치료에 전념했습니다.

노벨평화상 최연소 수상자 말랄라 유사프자이입니다. 2013년 〈타임〉이 선정한 '세계에서 가장 영향력 있는 100인'에 올라 표지를 장식했어요.

뒤낭은 이때 경험을 담은 '솔페리노의 회상(1862)'을 출간해 유럽 전역의 정치·군사 주요 인사들에게 보냈습니다. 그는 책을 통해 전쟁에서 부상당한 병사를 간호하는 데 도움이 되는 국제 자원봉사 단체의 필요성을 설파했어요. 부상자 보호, 의무병과 야전병원의 중립성 보장을 위한 국제 조약 체결도 촉구했죠.

2023년 노벨평화상 수상자로 선정된 이란 여성 인권운동가 나르게스 모하마디.

이 제안에 유럽 각국이 호응했고 1863년 국제적십자가 창립됐답니다. 이듬해 유럽 16국이 스위스에서 제네바 협약을 체결했어요. '전쟁터에서는 적군과 아군을 가리지 않고 부상자를 돌봐야 하며, 이들의 활동을 방해하거나 공격해서는 안 되고, 중립성을 인정한다'는 내용을 명문화했습니다. 또 흰 바탕에 붉은색 십자가를 새겨 국제적십자 공식 표장(標章)으로 삼았습니다.

### "소녀 교육 허용" 외친 말랄라 유사프자이

파키스탄 출신 시민운동가 말랄라 유사프자이는 2014년 17세 나이로 노벨평화상을 받은 최연소 수상자예요. 모든 어린이에게 교육받을 권리를 보장하라며 투쟁해 노벨평화상을 받았어요.

교육자였던 아버지 영향을 받아 파키스탄 정부의 '소녀 교육 금지' 정책을 공개 반대했죠.

탈레반을 지지하는 파키스탄의 이슬람 극단주의 무장단체 '파키스탄 탈레반(TTP)'이 2007년부터 유사프자이의 고향을 공격했어요. TTP는 이 지역을 장악하면서 엄격한 이슬람법을 시행하며 여학교를 폐쇄했고 여성의 사회 활동을 금지했죠. 2008년 11살이었던 유사프자이는 처음으로 학교 폐쇄에 항의하는 연설을 했고, 이 연설은 파키스탄 전역에 알려졌어요. 2009년에는 국제 언론사를 통해 사건 일기를 작성했어요. 탈레반 테러 정권에 반대하는 목소리를 높였죠.

게티이미지코리아

스위스 제네바에 본부를 둔 국제적십자위원회(ICRC)는 역대 최다 노벨평화상 수상자입니다.

유사프자이는 탈레반의 표적이 됐고 2012년 스쿨버스에서 탈레반 총격으로 목숨을 잃을 뻔했어요. 이 사건으로 파키스탄의 여성 교육 문제가 국제적으로 널리 알려지게 됐어요.

2013년 미국 타임지는 유사프자이를 '세계에서 가장 영향력 있는 100인' 중 한 명으로 선정했어요. 같은 해 그는 16번째 생일을 맞아 국제연합(UN)에서 연설했습니다. 유사프자이는 연설에서 전 세계 소녀들의 교육에 대한 평등한 권리를 주장하며 "펜과 책은 세상을 바꿀 수 있는 가장 강력한 무기"라고 강조했어요. 일각에서는 유사프자이가 너무 어려 평화상을 받을 정도로 경험과 업적이 충분하지 않다며 수상에 반대하는 이들도 있었어요. 그럼에도 많은 사람들이 그의 용기 있는 행동, 열정과 헌신을 인정했답니다.

– **윤서원** 서울 단대부고 역사 교사

**Pop Quiz**

스웨덴 노벨위원회가 명시하고 있는 노벨평화상의 선정 기준은 무엇인가요?

인문/역사 8

숨어있는 세계사

# 동물 외교

❝ 이집트는 기원전부터 기린, 中은 7세기부터 '판다'로 외교 ❞

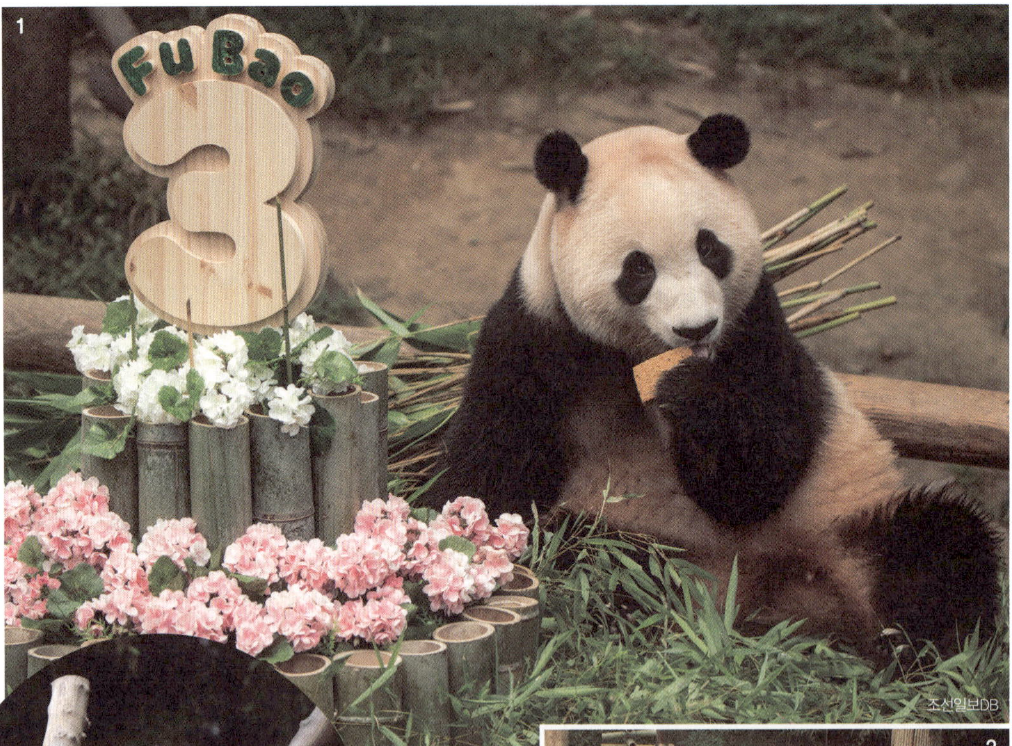

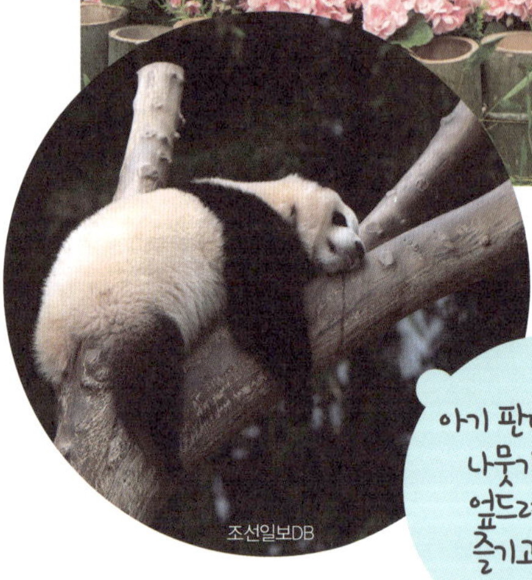

아기 판다 푸바오가 나뭇가지 위에 엎드려 낮잠을 즐기고 있어요.

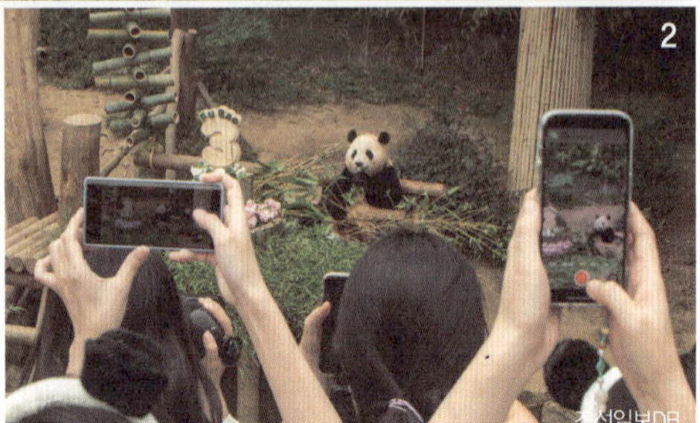

1,2 지난 7월 경기도 용인 에버랜드 판다월드에서 아기 판다 푸바오가 세 살 생일을 맞았어요.

아기 판다 푸바오의 인기가 식을 줄을 모릅니다. 그러나 푸바오는 중국 '판다 외교' 정책상 만 4세가 되는 올해 7월 전까지 중국으로 돌아가야 해요. 자이언트 판다는 만 4세가 되면 성숙기에 접어들어 다른 판다와 생활하며 짝을 맺어야 하기 때문입니다.

'동물 외교'는 주로 멸종 위기 동물처럼 희귀한 동물을 상대국에 보내는 것을 말합니다. 특히 중국의 판다는 세계 곳곳에서 동물 외교 특사로 활동하고 있어요. 지난 8월 중국 베이징과 청두에서 열린 한·중·일 청년 모의 정상회의(TYS)에서는 각국에서 사랑받는 판다 가족이 사절단으로 소개 영상에 등장하기도 했습니다. 동물 외교는 역사 속에서 어떤 역할을 했을까요?

### 선물에서 임대로 바뀐 판다 외교

판다는 귀여운 외모 덕에 아주 오래전부터 중국의 훌륭한 외교 대사 역할을 해왔어요. 기록상 최초의 판다 외교는 7세기 당나라 때로 전해집니다. 당은 국제무역이 활발했던 국가로, 수도 장안은 전성기 때 인구가 100만 명을 넘었을 정도예요. 일본 등 수많은 국가가 장안을 방문했죠. 당시 실권을 장악하고 있던 당 예종의 친모 측천무후는 원활한 외교 관계를 위해 일본 천황에게 '곰 2마리와 모피 70장'을 선물로 보냈다고 합니다. 이 '곰'이 판다라는 해석이 있습니다.

현대 판다 외교의 시작은 1941년 중국 국민당 지도자 장제스의 부인 쑹메이링이 미국에 선물한 판다 한 쌍이었습니다. 중일전쟁(1937~1945) 때 미국이 중국을 도와준 데 대한 감사 표시였죠.

1972년 닉슨 대통령의 중국 방문 후 중국이 미국에 보낸 판다 2마리는 가장 유명한 판다 외교 사례예요. 미국과 중국은 친선의 상징으로 동물을 교환하기로 했어요. 마오쩌둥은 판다 2마리를 미국 동물원에 보냈고, 닉슨은 그 대가로 사향소 2마리를 선물했어요. 냉전 상황에서 이념 대립을 완화하고 새로운 교류를 시작한 두 국가가 우호 관계를 강화하기 위해 선택한 외교 방식이었죠.

1984년부터 중국은 판다 개체 수를 유지하기 위해 판다를 선물로 제공하지 않고 있어요. 대신 10년 기한 임대를 하는 조건으로 상대 국가에서 매년 임차료 약 100만 달러(약 13억 원)를 받고 있죠. 임차료는 판다 보호와 연구를 위해 쓰인다고 해요. 이런 노력 덕분에 2년 전 자이언트 판다는 멸종 등급이 '위기'에서 '취약'으로 한 단계 내려갔어요. 우리나라도 한중 수교 기념으로 1994년 판다 부부인 밍밍과 리리를 받았어요. 1997년 외환 위기 때 재정적 어려움 때문에 중국으로 돌려보냈죠. 2014년 방한한 시진핑 중국 국가주석이 러바오·아이바오 판다 부부를 보내

로렌초 데 메디치의 요청으로 이탈리아 피렌체에 도착한 기린과 외교 사절단을 그린 조르조 바사리의 그림.

면서 판다 외교가 재개됐고 푸바오도 태어났답니다.

### 기원전부터 이어진 기린 외교

주로 아프리카에 사는 기린은 수천 년 전부터 좋은 외교 선물이었어요. 기원전 46년 카이사르는 소아시아와 이집트를 정복하고 로마로 돌아왔습니다. 그는 승리를 축하하고 권력을 과시하기 위해 사자·표범·원숭이·앵무새·타조 등 이국적인 동물을 데리고 거리를 행진했어요. 그중에서도 가장 눈에 띄는 동물은 이집트 여왕 클레오파트라의 선물로 추정되는 기린이었죠. 로마인들은 기린을 보고 낙타(camel)의 긴 목과 표범(pardalis)의 점박이 무늬를 모두 지닌 이상한 동물이라며 '카멜로파달리스(Camelopardalis)'라고 불렀어요. 이 단어는 오늘날에도 기린의 학명으로 사용하고 있어요. 이후에도 이집트를 지배한 여러 통치자들이 기린 외교를 했습니다. 비잔티움 제국 콘스탄티누스 9세도 기린을 선물로 받았고, 신성 로마 제국 황제 프리드리히 2세 때는 흰 곰과 이집트의 기린을 교환했어요. 이집트 맘루크 왕조의 술탄 파라즈는 당시 이슬람 세계 대부분을 지배하고 있던 티무르 제국에 잘 보이기 위해 티무르 제국의 수도 사마르칸트까지 기린을 포함한 사절단을 보냈답니다.

맘루크 왕조 술탄 카이트베이(재위 1468~1496)와 피렌체 공화국 메디치가의 로렌초 간 기린 외교도 유명합니다. 카이트베이는 당시 세력을 확장하던 오스만 제국에 대항하고자 로렌초와 손을 잡으려 했습니다. 로렌초는 자신의 권력과 명성을 과시하기 위해 유럽에서는 쉽게 볼 수 없었던 기린을 원했어요. 그렇게 1487년 카이트베이가 보낸 기린이 이탈리아에 도착했고 엄청난 화제가 됐죠. 피렌체 시민들은 2층 창문에서 기린에게 먹이를 주며 열광했다고 해요.

### 300년 만에 막 내린 '비버' 외교

엘리자베스 2세 영국 여왕은 브라질의 재규어, 카메룬의 코끼리 등 많은 이국적인 동물을 선물 받았어요. 그중 1970년 캐나다에서 온 검은 비버 두 마리는 300년 전 전통적인 관례에 따라 받았답니다. 1670년 영국 국왕 찰스 2세는 캐나다 북동부 허드슨만에서의 모피 전매권을 국책 회사인 허드슨 베이 회사(HBC)에 줬습니다. 대신 HBC는 공납으로 영국 국왕에게 비버 두 마리 등의 가죽을 바치도록 헌장에 명시했죠. 공납 의식은 영국 왕족이 캐나다에 방문할 때만 이뤄졌

비버는 이빨로 나무를 베어다가 둑을 쌓는 것으로 유명해요.

1970년 엘리자베스 영국 여왕(왼쪽 맨 앞)은 캐나다를 방문했을 때 허드슨 베이 회사(HBC)에서 비버 한 쌍을 받았어요.

허드슨 베이 회사(HBC)

기 때문에 역사상 총 4번만 행해졌어요. 가장 마지막이었던 엘리자베스 2세 여왕의 방문이 1970년이었지요. HBC는 회사 창립 300주년 기념으로 살아있는 비버 한 쌍을 여왕에게 선물했어요. 이후 비버 등 공납에 관한 내용을 헌장에서 삭제해 비버 외교는 막을 내렸어요.

 점차 동물권에 대한 의식이 높아지면서 동물 외교를 우려하는 목소리도 커요. 동물의 의사와 상관없이 인간의 필요에 의해 낯선 환경으로 동물을 보낸다는 비판이죠. 갑작스럽게 동물이 죽는 경우 오히려 외교 갈등으로 번지기도 해요. 지난 5월 태국 치앙마이 동물원에 있던 판다가 갑작스럽게 사망해 중국 외교부 대변인이 직접 유감을 표하고 양국이 공동 부검해 자연사 여부를 확인하기도 했습니다. 앞으로 좀 더 세심하게 동물의 복지를 생각하는 외교가 중요하겠죠. ●

— **윤서원** 서울 단대부고 역사 교사

'동물 외교'에 대해 우려하는 목소리도 있습니다. 이에 대한 자신의 생각을 적어보세요.

인문/역사

숨어있는 세계사

# 9 역사를 바꾼 청소년

**" 16세 소녀, 인종차별 교육 폐지 앞장… 15세 소년은 점자 개발 "**

미국 인권 운동가 바버라 로즈 존스입니다.

브리태니커

지난 11월 3일은 '학생독립운동기념일'이었습니다. 1929년 11월 3일 일제에 항거한 광주학생항일운동을 기념하고 학생들에게 애국심을 심어주고자 제정된 날이죠. 광주학생항일운동은 광주에서 시작돼 이듬해 3월까지 전국으로 퍼지며 학생 5만 4,000여 명이 참여했어요. 광주학생항일운동은 3·1운동 이후 가장 큰 규모의 항일운동이며, 이후 일어난 항일운동에도 큰 영향을 줬어요. 한국사뿐 아니라 세계사 속에서도 이처럼 청소년이 사회 변화에 중요한 역할을 한 경우가 많아요. 오늘은 역사를 바꾼 청소년들의 활약을 알아볼게요.

### 인종 분리 교육 '위헌' 이끌어낸 16세

바버라 로즈 존스는 미국 인권 운동가로, 1950년대 버지니아주에서 흑백 인종을 분리하는 공립학교 체제에 대해 반대 운동을 폈어요. 그의 활동은 결국 학교에서의 인종차별 철폐로 이어져 흑인 인권 운동에 큰 발자취를 남겼어요.

1951년 열여섯 살이던 존스는 프린스 에드워드 카운티에 있는 모턴 고등학교에 다니고 있었어요. 모턴 고등학교는 마

지금은 박물관으로 쓰이고 있는 옛 모턴 고등학교.

을 건너편 백인 학생만 다니는 고등학교에 비해 시설이 매우 열악했어요. 난방 시설이나 체육관, 교사 화장실도 없었죠. 일부 학생은 고장 난 스쿨버스 안에서 수업을 받아야 했어요. 교과서도 백인 학교에서 오랫동안 사용한 것만 받았어요.

모턴 고등학교 학생들이 학교 시설과 차별 교육에 불만을 제기했을 때 프린스 에드워드 교육청은 이를 무시했어요. 존스는 1951년 4월 자신과 생각이 같은 학생들을 모아 동맹 휴학 계획을 세웠어요. 그는 강당에 모인 학생과 교사들에게 "지자체가 새 학교 건물을 짓는 데 동의할 때까지 학교로 돌아오지 말자"고 주장했어요. 학생 대부분은 존스에게 동의하고 동맹 휴학 조직에 참여했어요. 존스의 지도에 따라 학생들은 수업을 거부하고 시위를 벌였으며, 학생들의 시위는 결국 주 전체에 영향을 미치는 큰 움직임으로 발전했어요.

존스는 미국 흑인 인권 단체 NAACP(National Association for the Advancement of Colored People) 소속 변호사 스포츠우드 로빈슨과 올리버 힐에게 도움을 요청했어요. NAACP가 개입하면서 이 문제는 인종 분리 교육 철폐로 이어졌어요. 1951년 5월 두 변호사는 버지니아주 리치먼드에 있는 연방 법원에 소송을 제기했습니다. 1954년 대법원이 공립학교의 인종 분리를 위헌으로 판결하면서 결국 목적한 바를 달성했죠. 이 판결은 흑인 인권 운동에 있어 중대한 승리이자 이정표로 여겨진답니다.

### 소련 지도자 초청받은 10세

미국 소녀 서맨사 스미스는 1980년대 냉전 시대에 평화를 위한 목소리를 냈고, 소련 최고 권력자에게 답장까지 받았습니다. 1982년 12월 겨우 열 살 나이였어요. 스미스는 방송을 통해 미국

'평화의 소녀'로 알려진 서맨사 스미스입니다.

과 소련 사이에서 고조되고 있는 핵 군비 경쟁으로 세계의 종말이 올 수도 있다는 사실을 알게 됐어요. 스미스는 당시 소련의 지도자였던 유리 안드로포프 앞으로 편지를 보냈습니다. 안드로포프가 평화를 원하는지, 그리고 전쟁을 원하지 않는다면 핵전쟁을 피하기 위해 무엇을 할 것인지 알려 달라고 말이에요.

1983년 4월 한 소련 신문사가 이 편지를 발췌해 지면에 실었고, 순수하고 진심이 담긴 편지는 전 세계적으로 큰 주목을 받았어요. 결국 안드로포프가 여기에 답장을 보냈습니다. 그는 편지에서 스미스가 언급한 핵무기의 파괴적 성격을 인정하고 평화를 원한다고 했어요. 또 스미스를 용감하고 정직한 소녀라고 칭찬하며 소련으로 초대했죠.

서맨사 스미스가 유리 안드로포프에게 쓴 편지.

1983년 여름 스미스와 그의 가족은 소련을 방문했어요. 스미스 가족의 방문은 여러 매체를 통해 보도됐고, 스미스는 '평화의 소녀'로 알려졌어요. 미국으로 돌아온 후에도 그는 수많은 인터뷰를 했고, 아버지의 도움을 받아 책 '소련으로의 여행(Journey to the Soviet Union · 1985)'을 발간했어요. 소련을 방문하며 겪은 일과 평화에 대한 메시지를 담고 있죠. 스미스의 이야기는 냉전의 긴장을 줄이고, 서로 다른 두 이념 간 이해와 친선을 도모하는 데 영향을 끼쳤어요.

그런데 스미스는 1985년 8월 불의의 사고로 13세 어린 나이에 세상을 떠났어요. 그를 기리고자 소련 정부는 그의 모습을 담은 우표를 발행했고, 한 소련 학자는 자신이 발견한 소행성에 '서맨사'라는 이름을 붙였어요.

### 전 세계 시각장애인 위한 문자 만든 15세

1809년 프랑스에서 태어난 루이 브라유는 15세 때 점자(點字)를 발명했습니다. 브라유 역시 어린 시절 사고로 시력을 잃은 시각장애인이었어요. 당시 시각장애인은 텍스트를 읽으려면 돌출된 글자를 손으로 더듬어야 했는데, 시간이 매우 오래 걸리고 비효율적이었습니다.

1821년 브라유는 프랑스 군대에서 밤중에 메시지를 읽을 수 있도록 고안된 '야간 글쓰기'를 알

시각장애인 위한 점자 만든 루이 브라유입니다.

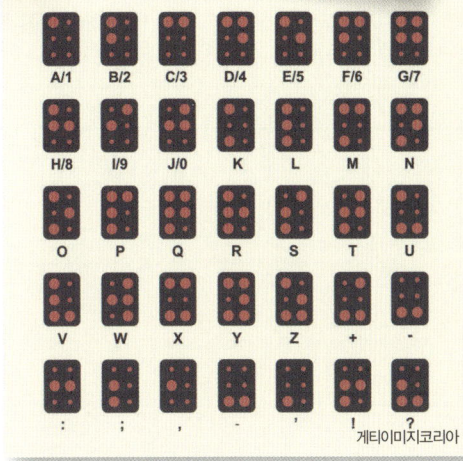

루이 브라유가 만든 점자 체계.

게 됩니다. 이 방법은 샤를 바르비에가 개발했어요. 손으로 만져 읽을 수 있는 점 12개로 구성된 코드를 사용했죠. 그런데 이 방법은 알파벳을 숫자 조합으로 나타냈기 때문에 복잡해서 널리 사용되지는 못했어요.

그러나 브라유는 이러한 접근 방식에서 영감을 얻어 더 단순하고 효율적인 방향으로 개선하려 노력했고, 점 6개를 사용해 알파벳을 표현하는 방법을 개발했어요. 그가 개발한 방법은 각 글자와 소리를 명확하게 대응시켜, 학습하기 쉽고 사용하기도 편리했답니다.

1824년 브라유는 이 새로운 점자 체계를 완성했어요. 이후 음악, 수학, 심지어는 과학 기호까지 점자를 확장해 나갔지요. 점자 발명으로 시각장애인은 좀 더 쉽게 책과 글을 읽을 수 있게 됐어요. 또 더 독립적으로 공부하고 일상생활을 영위할 수 있게 됐죠. 루이 브라유가 만든 점자 체계는 그의 이름을 따서 '브라유 점자'라고 불리게 됐어요. 오늘날에도 전 세계 시각장애인들이 사용하고 있답니다. ●

— **윤서원** 서울 단대부고 역사 교사

## 글쓰기 생각쓰기 연습

**1** '학생독립운동기념일'이 기념하고 있는 광주학생항일운동에 대해 설명해보세요.

**2** 세계사에서 청소년이 사회 변화에 중요한 역할을 한 경우가 많습니다. 기사에 소개된 인물 중 하나를 선택해 소개해보세요.

**3** 기사에 소개되지 않은 '역사를 바꾼 청소년'을 조사해보세요. 그중 한 명을 소개해보세요.

정답은 QR코드를
찍어서 확인해요!

# 시사체크! 키워드

## 만델라 효과

"미키마우스는 멜빵바지를 입었어"
다수가 잘못된 기억을 믿는 현상

"감옥에서 타계" 만델라 대통령 루머서 유래
정보를 생각하는 대로 인식하는 심리 때문

게티이미지코리아

'만델라 효과'의 어원은 남아공 최초의 흑인 대통령 넬슨 만델라를 둘러싼 루머에서 비롯됐어요.

미키마우스는 큰 단추가 달린 빨간 바지를 착용했어요.

디즈니

'피카츄 꼬리 색은 노란·검은색 줄무늬다' '미키마우스는 멜빵바지를 입고 있다'. 이 질문에 "그렇다"고 답했나요? 사실이 아닙니다. 피카츄는 등에 줄무늬가 있지만 꼬리는 노란색이고, 미키마우스는 큰 단추가 달린 빨간 바지를 착용했습니다. 하지만 이 진실을 모르는 사람이 많습니다. 잘못된 기억을 진짜라고 공유하는 현상, '만델라 효과'입니다.

만델라 효과는 불특정 다수가 거짓 정보를 사실로 인식하는 사회적 착각을 말합니다. 어원은 남아프리카공화국(남아공) 최초의 흑인 대통령 '넬슨 만델라'를 둘러싼 루머에서 비롯됐죠. 만델라는 대통령이 되기 전 평생을 흑인 인권을 위해 활동했는데, 이를 못마땅하게 여긴 남아공 정부가 1964년 그를 감옥으로 보냈습니다. 27년을 감옥에서 보낸 탓에 사람들은 그가 감옥에서 숨을 거둘 거라 생각했었죠. 석방된 후 대통령에 당선됐지만 당시 소문이 몇 십 년 뒤까지 이어지면서 만델라 대통령은 감옥에서 생을 마감했다고 여기는 사람이 많아졌습니다. 이를 계기로 특정 정보를 잘못 인지한 것을 그의 이름을 딴 만델라 효과라고 부르기 시작한 겁니다. '백인은 유색인종보다 우월하다' '서울에 사는 사람은 돈이 많을 것이다' '대기업 직원들은 일을 잘할 것이다' 모두 만델라 효과 중 하나죠.

만델라 효과는 가짜 뉴스를 더 오래 기억하는 이유기도 합니다. 그렇다면 이런 현상은 왜 일어나는 걸까요? 닐 대그널 영국 런던메트로폴리탄대 초심리학 교수는 "특정 정보를 인지할 때 있는 그대로가 아닌, 생각하는 대로 보는 심리 때문"이라고 말했습니다. 누군가가 '바느질'이란 단어를 제시한 뒤 핀·솜·실을 잠깐 동안 보여줬다고 가정해 봅시다. "셋 중 어떤 물건이 떠오르나"고 물을 때 대부분은 바늘이라고 답합니다. 바늘이 아닌 핀을 보여줬는데도 '바느질'이란 단어를 듣고 핀을 바늘로 왜곡해서 인지하는 겁니다. 어떤 게 진실인지는 중요하지 않습니다. 내가 기억하는 게 사실이라고 여길 뿐이죠. 특정 정보를 접할 땐 진위를 가리는 습관을 기울이는 게 좋다고 지적합니다.

— 이영규 기자

명화 돋보기

## '여행'을 주제로 한 그림

❝ 로마·피렌체·베네치아 풍경, 사진처럼 그렸어요 ❞

카날레토, '베네치아 대운하로 향하는 입구', 1730년쯤. 〈작품 1〉

지난 몇 년 동안 코로나 때문에 여행이라는 두 글자가 우리 일상에서 잠시 멀어져 있었지요. 하지만 이제는 움츠러들었던 여행이 되살아나서 공항과 기차역이 여행객들로 꽉 채워진 모습을 다시 볼 수 있게 됐습니다. 우리나라 관광지 곳곳도 외국인 관광객으로 북적이고 있어요. 오늘날 사람들은 휴식과 재충전을 위해 여행을 떠납니다. 관광과 더불어 교양을 쌓는 취지에서 작가나 인문학자를 따라가는 해외 답사 형식의 여행 상품도 있지요. 역사 유적지나 예술의 배경이 됐던 현장에 가서 전문가의 설명을 듣는 건데요. 이렇게 배움을 위해 떠나는 긴 여행은 유럽에

카날레토, '두칼레궁과 산마르코 광장', 1755년쯤.

서는 17세기에 시작돼 18세기에 절정을 이뤘습니다.

### 그랜드 투어와 베두타 그림

17세기 말부터 영국 귀족 계급과 지식인 계층은 견학 목적으로 청소년 자녀에게 개인 교사를 붙여 이탈리아로 보냈어요. 이를 그랜드 투어(Grand Tour)라고 불러요. 이탈리아는 풍부한 고대 유산과 지중해를 낀 따사로운 자연환경 덕에 그랜드 투어 목적지로 인기가 높았습니다. 가장 많은 관광객이 몰린 도시는 로마였고, 그다음 르네상스의 도시 피렌체와 베네치아가 인기를 끌었어요. 18세기 들어 그랜드 투어는 영국뿐 아니라 북부 다른 나라에서도 '체험을 통한 학습' 차원에서 장려됐어요. 인문학 공부나 독서와 더불어 빼놓을 수 없는 상류층 교육과정으로 자리 잡았습니다.

그랜드 투어에 따라간 개인 교사는 지금의 답사 인솔자처럼 체계적이지는 못했어요. 부모의 당부대로 학생들의 행동거지를 어떻게든 통제하려 애썼지만 쉽지 않았죠. 개인 교사는 학생들에게 과제를 내주고 자유롭게 해준 뒤, 자신의 집필 활동에 몰두하곤 했습니다. 애덤 스미스 등 우리가 아는 여러 인물이 그랜드 투어의 인솔 교사였다죠.

본국으로 돌아갈 날이 다가오면, 교사도 학생도 이탈리아에서 느낀 햇살과 추억을 영원히 간직하고 싶어 기념품 구입에 열을 올렸습니다. 아예 화가에게 여행 기념용 그림을 주문하기도 했어요. 친구나 가족에게 다녀온 곳에 대해 설명하려면 여행지를 사실 그대로 묘사한 그림이어야 했지요. 어떤 그림인지 살펴볼까요?

요하네스 페르메이르, '델프트 풍경', 1660년쯤. 〈작품 2〉

조반니 파올로 파니니, '고대 로마의 판테온과 다른 기념물이 있는 환상의 경치', 1737. 〈작품 3〉

〈작품 1〉은 이탈리아 화가 카날레토(1697 ~1768)가 그린 베네치아의 풍경입니다. 베네치아 여행자를 위해 그린 것이죠. 이 그림처럼 도시를 한눈에 볼 수 있도록 전경(全景)을 하나의 화폭에 넣은 사실적인 풍경화를 베두타(veduta · '전망'이라는 뜻) 그림이라고 불러요.

### 사진기의 조상, 카메라 오브스쿠라

베두타 그림의 선구적 화가로는 '진주 귀걸이를 한 소녀'로 잘 알려진 네덜란드의 요하네스 페르메이르(1632~1675)를 들 수 있습니다. 〈작품 2〉는 페르메이르가 그린 '델프트 풍경'이에요. 이 시기 풍경화가 중에는 사진처럼 정확하게 그림을 그리기 위해서 시각 기구를 활용한 사람도 있었어요. 확실한 증거는 남아있지 않지만, 페르메이르도 카메라 오브스쿠라(camera obscura · '암실'이라는 뜻)라는 기구를 사용했을 거라고 추정됩니다.

사진처럼 그리기 위해 카메라 오브스쿠라를 사용하기도 했어요.

카메라 오브스쿠라는 상자 속에 비친 상이 거울을 통해 판에 나타나도록 한 장치로, 오늘날 카메라의 조상이에요. 이 기구는 17세기 중반 발명됐는데, 카메라처럼 이미지가 자동으로 찍혀 나오는 기계가 아니라, 작은 구멍으로 빛이 통과하는 상자예요. 빛이 상자 속 거울에 반사되면 스크린에 흐릿하게 상이 새겨지는데, 화가들은 그 맺힌 상을 본떠 밑그림을 그렸습니다. 카메라 오브스쿠라는 커다란 도시의 이미지를 축소해서 볼 수 있게 해주기 때문에 베두타 화가에게 특히 도움이 됐어요.

사진이 없던 시절, 기념품용 그림을 원했던 관광객들은 화가의 개성이 넘치는 표현보다는 사진처럼 실제와 똑같은 그림을 선호했어요. 그리고 모두가 비슷한 그림을 주문했기 때문에 베두타 화가들은 같은 구도의 그림을 여러 점 그리는 경우가 허다했습니다. 여행객의 주문이 한꺼번에 밀리는 경우도 많아서, 빠르게 제작하는 재능도 베두타 화가에게는 필수였어요. 18세기 베네치아 여행자들 사이에서 신속하고 정확하게 그리기로 명성이 자자했던 카날레토도 카메라 오브스쿠라를 적극 사용한 것으로 알려져 있습니다.

18세기 베두타 그림은 대표적인 유적지와 고대 건축물의 잔해를 중심으로 풍경을 묘사한 것이 다수예요. 건축에 관심 있는 사람들은 아예 도시의 광장을 입체 모형으로 만들어가기도 했습니다.

조반니 파올로 파니니(1691~1765)가 그린 〈작품 3〉을 보세요. 로마 여러 곳에 띄엄띄엄 퍼져 있는 기념비와 건축물이 한자리에 모여 있어요. 여행지 그림을 주문하는 사람 중에는 이렇듯 그림 한 장에 많은 유적지가 한꺼번에 들어가도록 요구하는 이도 있었습니다. 중요한 추억만 알짜로 담아가고 싶은 심리에서 비롯된 것이겠죠. 현지 화가들은 되도록 여행자가 원하는 대로 맞춰줬는데, 그러다 보면 그럴듯하게 진짜 같은 허위 풍경이 탄생하기도 했어요. 마치 컴퓨터 그래픽 이미지처럼 진짜와 상상을 적절하게 섞는 기법을 미술에선 카프리치오(capriccio · '변덕'이라는 뜻. 음악용어로 주로 쓰임)라고 해요.

풍경을 무조건 정확하게만 그린다거나, 고객이 의뢰한 것이라면 어떤 것이든 가리지 않고 그리는 것은 화가들 사이에서는 그리 영예롭지 못한 일로 여겨졌습니다. 미술의 본질은 화가의 정신과 상상력에 있다고 믿었기 때문이죠. 18세기 그랜드 투어 시대 이탈리아에서는 평생 똑같은 여행지 그림만 그리며 돈을 번 화가도 있었지만, 그러지 않은 이도 많았습니다. 카날레토도 말년에는 창의력이 돋보이는 역작을 완성하고자 혼신의 열정을 쏟았다고 합니다. ●

— **이주은** 건국대 문화콘텐츠학과 교수

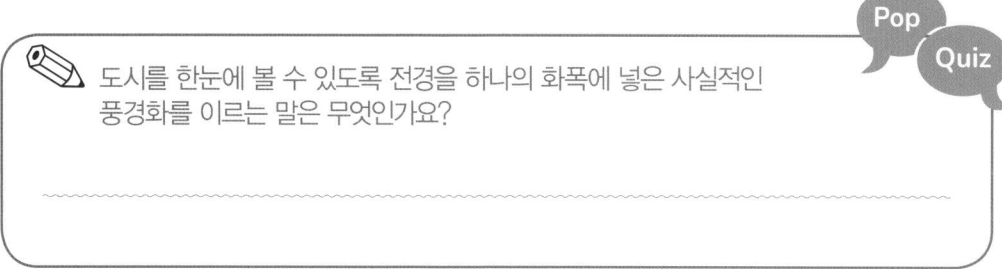

도시를 한눈에 볼 수 있도록 전경을 하나의 화폭에 넣은 사실적인 풍경화를 이르는 말은 무엇인가요?

문화/예술 11

명화 돋보기

# 오스틴 리의 작품 세계

❝ 컴퓨터에 스케치하면 3D 프린터가 입체적으로 그려요 ❞

모든 사람이 주변 환경에 크게 또는 작게 반응하며 살죠. 하지만 미술가는 누구보다 더 예리한 더듬이를 갖고 세상에 반응합니다. 예로부터 미술작품은 바깥세상에서 벌어지는 일을 비추고, 또 마음속에 쌓이는 경험을 내비치는 거울 역할을 해왔지요. 기술이 발달하고 그에 따라 눈으로 보는 풍경이 달라지면 미술작품을 표현하는 방식에도 영향을 미치기 마련입니다.

과거로 거슬러 올라가 19세기 중반 프랑스 인상주의 화가 클로드 모네를 예로 들어 볼까요? 당시 과학기술 발달로 튜브로 짜서 쓰는 물감이 개발됐습니다. 덕분에 화가들은 바람에 물감 가루가 날아갈 염려가 없어져 그림 도구를 갖고 야외로 나갈 수 있었어요. 이를 계기로 모네는 작업실에서 보던 물감 색과 야외에서 직접 보는 빛의 색이 같지 않다는 걸 체감했어요. 팔레트 위에서 여러 색의 물감을 섞으면 점점 불투명해질 뿐, 하늘 아래 빛이 스며든 투명한 빛깔을 낼 수 없었거든요. 그래서 모네는 튜브에서 붓으로 바로 물감을 짜서 캔버스에 점을 찍는 방

'Cry Baby', 2021, 캔버스에 아크릴 물감. 〈작품 1〉

법으로 그림을 그렸습니다. 빛의 투명함을 살리기 위해서였죠. 물감으로 찍은 점들이 팔레트가 아닌 우리 눈에서 섞이도록 한 겁니다.

### 디지털 이미지를 현실로 옮기려면

오늘날에는 컴퓨터 화면에 나타나는 환한 원색 이미지가 우리가 겪는 경험에서 큰 비중을 차지합니다. 디지털 이미지는 빛의 삼원색 'RGB', 즉 빨강(Red), 초록(Green), 파랑(Blue) 세 가지 광원을 기본으로 서로 혼합돼 여러 빛깔을 냅니다. 그러니 디지털 이미지를 그림으로 옮길 때는 팔레트에 물감을 섞어 붓질하는 기존 방법만으로는 비슷한 효과를 내기 힘들겠죠.

2020년부터 2년 넘게 지속된 팬데믹 시기 동안 직접 친구들을 만나지 못하고 혼자 집에서 인터넷을 하며 보내는 시간이 많았습니다. 그러니 팬데믹 시기에 느낀 감정들은 디지털 이미지와 마찬가지로, 전통적인 미술 재료나 기법만으로는 생생하게 표현하기 어려울 수 있어요. 지난해 말 서울 송파구 롯데뮤지엄에서는 팬데믹 시간을 돌아보며 우리 감정을 이야기해 보는 전시 '오스틴 리: 패싱 타임'이 진행됐습니다.

오스틴 리(1983~)는 미국 뉴욕을 기반으로 활동하는 미술가로, 디지털 기술 방식으로 우리 내부에 살고 있는 감정을 이미지로 제작해 보여줍니다. 디지털 드로잉으로 이미지를 구상하고, 이를

'Fountain', 2023, 3D 프린터로 찍은 레진에 우레탄 페인트. 〈작품 2〉

롯데뮤지엄

캔버스에 에어브러시(스프레이)로 그리거나 3차원(3D) 프린터를 이용해 조각으로 만들죠. 이렇게 가상공간 속 이미지를 현실에서 재현합니다. 이번에 전시된 작품 몇 점을 살펴볼게요.

캔버스에 그린 〈작품 1〉을 보세요. 이 작품은 권투 경기에서 패배한 한 권투 선수가 경기장 줄에 위태롭게 기댄 모습을 보여줍니다. 빨간 권투 장갑을 낀 채 양손을 머리 위로 든 권투 선수는 눈물을 흘리고 있어요. 눈물이 넘쳐 고인 물웅덩이에서 허우적대는 듯합니다. 슬픔과 좌절의 감정을 보여주는 그림입니다.

컴퓨터를 능숙하게 다루게 된 청소년 시절부터 오스틴 리에게는 컴퓨터와 키보드가 마치 종이와 연필처럼 일상의 일부였고, 점차 컴퓨터를 미술 창작을 위한 도구로 여기기 시작했습니다. 그는 화면이 발산하는 빛에서 색의 영감을 얻었어요. 하지만 이를 그림으로 옮기려고 할 때, 물감이 그 광채를 정확하게 전달하지는 못했죠. 그래서 영롱한 빛깔을 나타내기 위해 RGB 원색을 주로 썼어요. 그리고 붓 대신 에어브러시로 물감을 뿜어내는 방법을 썼습니다. 손으로 그린 것 같은 붓질의 느낌을 없애고 매끈한 디지털 이미지처럼 보이는 효과를 냈죠.

### 마티스의 '춤' 재해석해

〈작품 2〉는 슬픔에서 조금 벗어나 자기 성찰의 과정을 보여주는 것 같은 분수조각(噴水彫刻)이에요. 양팔을 벌리고 바닥에 누워있는 인물은 고개를 위로 올린 채 물을 뿜어내고 있습니다. 붓과 팔레트를 양손에 들고 있는 걸로 짐작하건대, 이 사람은 화가인가 봐요.

오스틴 리는 뿜어져 나온 물이 바닥으로 떨어져 자연스럽게 흐르도록 만들었어요. 물이 솟아오르고 떨어지고 흘러가는 모습을 멍하니 바라보고 있노라면 '결국엔 모두 다 지나가고 흘러가리'라는 생각에 잠기게 된답니다. 디지털 화면 속 이미지를 그대로 전시장으로 옮겨 놓은 듯한 이 조각 역시 손으로 재료를 깎거나 붙여 만들지 않고 3D 프린터를 활용했어요.

〈작품 3〉은 즐거움과 기쁨을 회복한 듯한 분위기의 그림이에요. 초록

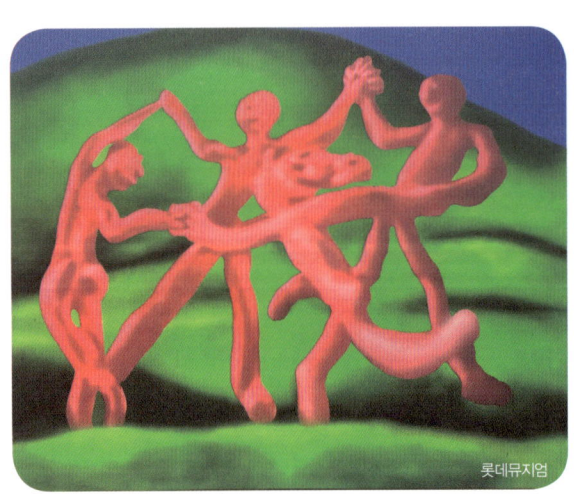

'Joy', 2023, 캔버스에 아크릴 물감. 〈작품 3〉

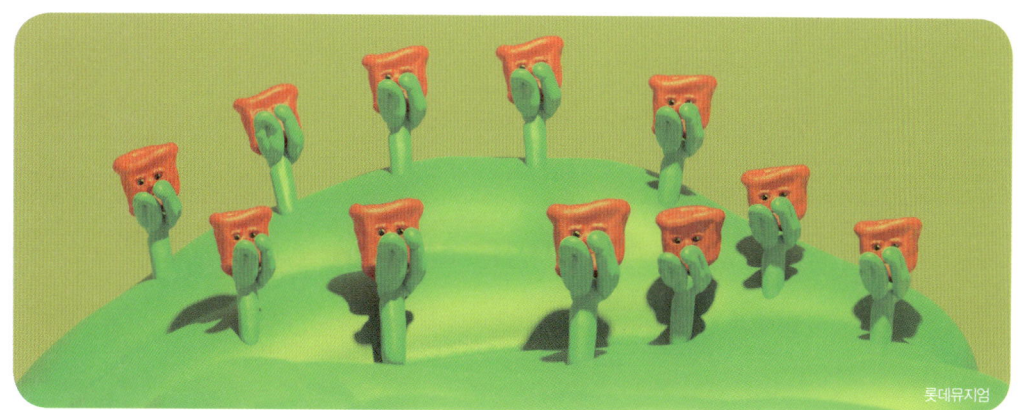

'Flower Hill', 2023, 애니메이션. 〈작품 4〉

색으로 굽이치는 언덕 위에서 분홍색 사람들이 둥근 원을 그리며 서로 손을 마주 잡고 있어요. 음악에 맞춰 춤을 추는 것 같습니다. 이 그림은 강렬한 원색으로 유명한 20세기 초 프랑스 화가 앙리 마티스의 그림 '춤'이 떠오르게 하죠. 오스틴 리가 마티스의 '춤'을 본인 스타일로 그려낸 것입니다.

〈작품 4〉는 애니메이션 영상인데, 눈·코·입이 달린 꽃들이 언덕 위를 가득 메우고 있어요. 화면 중앙에 우뚝 솟아 있는 봉우리에서 태양이 고개를 내밀면, 사람처럼 보이는 꽃들이 수줍은 동작이지만 경쾌하게 춤을 춥니다. 영상 속 풍경은 해가 뜰 때부터 해가 지기까지 시간의 흐름을 보여줘요. 춤을 추는 꽃은 시간 속을 살아가는 우리들 한 사람, 한 사람을 가리키는 듯합니다. 팬데믹처럼 살다 보면 때로는 답답하고 울적할 때가 오지만, 그 경험으로 인해 지금 이 순간을 더욱 소중하게 여기게 된다는 의미 아닐까요. ●

— **이주은** 건국대 문화콘텐츠학과 교수

---

**Pop Quiz**

✏️ 오스틴 리는 디지털 기술 방식으로 우리 내부의 감정을 이미지로 제작해 보여줍니다. 어떤 작업 방식인지 설명해보세요.

## 문화/예술 12 — 명화 돋보기

# 거리 미술

**" 반항과 불법이던 벽화… 지금은 고가의 미술품 대우 받죠 "**

뱅크시, '풍선 없는 소녀', Pest Control Office 2023. 〈사진 1〉

파라다이스 아트스페이스

뱅크시, '풍선 없는 소녀', 영국 런던. 〈사진 2〉

매년 9월 초는 미술계가 축제를 벌이는 시기입니다. 여러 갤러리가 한자리에서 미술작품을 전시하고 판매하는 '한국국제아트페어(키아프·KIAF)'가 열리거든요. 지난해에는 서울 강남구 삼성동 코엑스에서 진행됐습니다. 2022년부터는 영국을 본부로 하는 세계적 규모 아트페어 '프리즈(Frieze)'도 연합해 축제의 장이 커졌어요. 지난해에도 프리즈에 참여한 해외 유명 갤러리들이 스타 미술가의 작품을 싣고 와 서울 전시장에 펼쳐 놓았습니다. 현대미술에 관심 있는 사람들에게는 그동안 말로만 듣던 작품을 멀리 외국까지 가지 않고도 만날 절호의 기회였지요.

### 경매장에서 작품 훼손한 뱅크시

5년 전인 2018년 10월 영국 런던, 프리즈 아트페어가 열리는 주간에 소더비가 주관하는 미술품 경매장에서 충격적인 사건이 벌어졌어요. 그날은 '영국인이 가장 사랑하는 미술가 1위' 뱅크시의 작품 한 점이 경매에 오를 예정이었어요. '풍선 없는 소녀'〈사진 1〉라는 작품인데, 인천 파라다이스 아트스페이스에서 지난해 공개되기도 했습니다. 처음에는 보통 경매처럼 진행됐는데, 어떤 고객에게 낙찰이 선언된 순간 믿기 어려운 일이 눈앞에 펼쳐졌습니다. 기계음이 울리더니 갑자기 그림이 액자 속에서 잘게 찢겨 밑으로 흘러나왔어요. 뱅크시가 애초에 그림 내부에 파쇄기를 설치해 원격조종한 것이었죠.

뱅크시가 미술품을 비싸게 파는 것이 목적이 된 미술 시장을 조롱하기 위해 대담하게도 경매장 관객 앞에서 자기 작품을 파손하는 행위예술을 기획한 것이었어요. 경매 자체를 무효로 만들어 경매장을 발칵 뒤집어 놓을 의도였나 봅니다. 그러나 예상치 못하게 중간에 파쇄기가 멈추는 바람에 그림의 반쯤은 액자에 걸려 살아남았습니다. 그림을 산 고객은 엄청난 충격을 받기는 했지만, 거래를 취소하지 않고 그 상태 그대로 작품을 받기로 했어요. 이 그림은 런던 워털루 다리 사우스뱅크에 벽화〈사진 2〉로도 그려졌으나, 지금은 지워지고 없습니다.

뱅크시는 건물 벽에 몰래 그림을 그려 놓는 거리 미술가로 출발했어요. 건물 소유자나 시 당국의 허락을 받지 않고 벽에 그림을 그리는 것은 경찰에게 잡힐 만한 불법행위로 간주됐으므로, 뱅크시는 진짜 이름과 얼굴을 숨긴 채 활동했습니다. 하지만 그의 벽화들이 소문을 타서 대단한 인기를 끌게 됐고, 지금은 아마도 뱅크시가 그림을 그리면 마다할 건물 주인은 별로 없을 듯합니다. 뱅크시 이야기를 꺼냈으니 거리 미술에 대해 좀 더 알아보도록 해요.

### 사회적 쟁점에서 시작한 거리 미술

거리 미술은 미술관이나 갤러리 공간을 방문하는 미술 애호가만을 대상으로 하지 않습니다. 미술을 잘 알지 못하는 이들도 골목을 지나다 우연히 만날 수 있는 그림이니까요. 요즘에는 거리 미술을 주류 미술계에 반발하는 미술가들의 작업으로 보거나 사회적 쟁점이 있는 미술 일종으로 폭넓게 바라봅니다. 하지만 미국과 유럽에서 거리 미술이 눈에 띄게 나타났던 1960~1970년대에는 그렇지 않았습니다. 1960년대 후반은 젊은이들이 기성세대에 대항해 목소리를 낼 때였고, 지배 문화에 대한 반항 의식 자체가 바로 거리 미술의 핵심이었어요. 당시 벽이나 기차에 스프레이 페인트를 뿌려놓는 그라피티(graffiti · 낙서화)를 포함한 거리 미술은 대부분 반사회적

영국 런던 워털루역 리크 스트리트 터널 내부 그라피티. 〈사진 3〉

인 행위로 여겨졌습니다.

하지만 최근에는 뱅크시의 국제적 인기 덕분인지 몇몇 도시에서는 거리 미술에 열린 태도를 보여주고 있어요. 〈사진 3〉에서 보듯, 런던 워털루역 아래 터널을 따라 걷다 보면 다음과 같은 표지

주디스 바카, '로스앤젤레스의 위대한 벽', 미국 로스앤젤레스. 〈사진 4〉

판을 만날 수 있다고 합니다. '터널, 그라피티 허가 구역. 범법자처럼 그림을 그릴 필요는 없습니다. 그러니 범법자처럼 행동하지 마세요.' 경찰의 단속 없이 그림을 그릴 수 있다는 뜻이지요.

1970년대 초반 미국 캘리포니아주에서는 멕시코계 미국인을 비롯해 아프리카계 미국인, 아시아계 미국인, 원주민들이 샌프란시스코에서 각각 문화적 결속을 다지기 위한 목적으로 벽화를 사용했습니다. 1970년대 약 10년 동안 캘리포니아주에서 그려졌다가 사라진 벽화는 대략 1,500점이 넘었다고 해요. 주제는 평등과 화합을 요구하는 메시지가 다수였습니다.

키스 해링, '벽화'(일부), 미국 뉴욕. 〈사진 5〉

한 예로 주디스 바카(1946~)의 '로스앤젤레스의 위대한 벽'〈사진 4〉은 홍수 통제 배수관 벽을 따라 그린 것으로 벽화 길이가 약 840m나 됩니다. 이 벽화는 1974~1984년 그려졌어요. 화가를 보조하는 조수만 40명이었고, 다민족으로 구성된 청년들 400여 명, 역사학자 40명, 그리고 지원자가 100명 이상 참여했다고 해요. 긴 그림 속에는 19세기 후반 중국 노동자들의 철로 건설, 1930년대 멕시코 이민자들의 추방, 2차 세계대전 당시 일본계 미국인이 억류된 장면 등이 담겨 미국 서남부 이민족의 역사가 파노라마처럼 펼쳐집니다.

미국 뉴욕도 거리 미술이 활발한 도시였어요. 뉴욕 출신 키스 해링(1958~1990)은 지하철을 타고 가다가 불쑥 내려 즉흥적으로 빈 벽에 분필로 그림을 그리곤 했어요. 〈사진 5〉에서 보듯, 만화처럼 보이는 장난스러운 분위기와 굵은 선으로 단순화해 묘사한 인물·동물 형상이 해링 그림의 특징입니다. 그림이 사람과 세상을 하나로 묶어준다고 믿었던 그는 거리에서의 작업을 통해 여러 사람과 소통하는 미술을 추구했습니다.

오늘날 거리 미술의 핵심은 반항과 불법이라기보다는 소통과 공유에 있다고 볼 수 있어요. 시대가 흐르면서 거리 미술의 의미도 바뀐 것이죠. ●

— 이주은 건국대 문화콘텐츠학과 교수

# 글쓰기 생각쓰기 연습

**1** '거리 미술'의 개념을 정의해보세요.

---
---
---
---

**2** 시대가 흐르면서 거리 미술의 의미도 바뀌고 있어요. 어떻게 변화하고 있나요?

---
---
---
---

**3** 기사에 소개된 거리 미술 작가의 다른 작품들을 조사하고, 그중 하나를 자신의 감상과 함께 소개해보세요.

---
---
---

정답은 QR코드를
찍어서 확인하세요!

문화/예술 **13**

디자인·건축 이야기

# 렘 콜하스

> "'게임하듯 건축' vs '폭넓은 도시철학자'…
> 틀 벗어난 신선한 건축에 극과 극 평가"

실험적 건축으로 극과 극 평가 받는 렘 콜라스입니다.

조선일보DB

최근 홍익대가 국내 최대 지하 캠퍼스를 개발한다는 계획을 발표했어요. 캠퍼스 내부에 지하 6층~지상 최대 16층, 연면적으로 따지면 축구장 20개와 맞먹는 복합 공간을 만든다고 해요. 네덜란드 건축 사무소 OMA가 설계를 맡기로 했어요. OMA는 2000년 '건축계 노벨상'인 프리츠커 건축상을 받은 렘 콜하스(1944~)가 설립한 회사랍니다.

### 동시대 건축 담론을 이끄는 기수

콜하스는 현존하는 가장 영향력 있는 건축가에서 빠지지 않는 인물이에요. 건축가·건축이론가·도시연구자·작가·교육가로 명성을 쌓았어요. 그의 첫 직업은 신문기자였어요. 실험적인 커리큘럼으로 유명한 영국 AA스쿨에 진학하며 건축 세계에 첫발을 내디뎠습니다. 그런데 그는

다면적 공간감으로 유명한 베이징 CCTV 본사 빌딩.

미국 시애틀에 위치한 시애틀 중앙 도서관.

바로 실무를 하지 않았어요. 미국 뉴욕으로 건너가 비영리 건축연구소에서 일하며 6년간 준비한 끝에 1978년 뉴욕 맨해튼의 형성 과정을 추적한 책 '광기의 뉴욕'을 출간했습니다.

그는 맨해튼의 마천루는 엘리베이터가 개발된 덕분이라고 했어요. 엘리베이터가 보급되면서 초고층 건물이 생겼고, 에스컬레이터·에어컨 등 여러 건축 설비 덕분에 건물이 더 거대해지고 용도가 다양해졌다는 거죠. 밀접과 혼돈, 그리고 쇼핑으로 가득 찬 '자본주의 건축'이 맨해튼의 특징이라는 주장은 큰 화제가 됐답니다. 이후 OMA가 진행한 다양한 프로젝트와 에세이, 담론, 여행기, 일기 등을 이미지 위주로 편집해 1995년 출간한 'S, M, L, XL'로 콜하스는 동시대 건축 담론을 이끄는 기수로 인정받았습니다.

### 무작위성과 의외성의 아름다움

그는 대도시에서 나타나는 불특정성과 특이성을 인정하고 이를 투영해 건물을 지어야 한다고 생각했어요. 합리적인 기능을 갖춘 보기 좋은 건물이 아니라, 경계를 넘나드는 실험적인 건물이 필요한 이유였죠. 지난 20년 동안 발표한 작업 중 화제가 된 대표작만 해도 미국 시애틀중앙도서관, 중국 CCTV 본사, 네덜란드 드 로테르담, 대만 타이베이공연예술센터 등 셀 수 없어요. 흥미로운 점은 건축 거장이라면 개성이 묻어나는 건물로 인기를 얻는 데 비해, 그의 작업에는 딱히 눈에 띄는 공통점이 없다는 거예요.

콜하스는 아름다움이 제1의 관심사가 아니라고 말해요. 자기 작업에서 아름다움을 찾는다면 무작위성과 의외성에 있다고 하죠. 낯설고 신선한 자극을 주는 지점은 강조하고, 역동적이다 못해 혼란스러운 내부 동선과 다양한 재료를 사용하는 그에 대한 평은 극과 극이에요. '건물 하나 제대로 짓지도 못하면서 건축을 게임처럼 대한다'는 혹평과 '건축계에서 가장 폭넓게 사고하는 도시철학자'라는 극찬을 오간답니다. 확실한 것은 그의 영향력입니다. OMA는 전 세계 젊은 건축가가 일하고 싶은 곳으로 자리 잡았어요. 콜하스는 1995년부터 하버드 건축대학원 교수로 재직하며 학생들과 진행한 리서치 프로젝트를 꾸준히 출간 중이에요. 중국 주강 삼각주 발전을 탐구한 '대약진', 현대 도시의 상업적 욕망을 다룬 '하버드 쇼핑 안내서'가 대표적이죠.

– **전종현** 디자인·건축 저널리스트

포르투갈 포르투에 위치한 콘서트 홀 '카사 다뮤지카'.

네덜란드 로테르담의 랜드마크 빌딩 '드 로테르담'.

**Pop Quiz**

'폭넓은 도시철학자' 렘 콜하스의 건축적 특징을 설명해보세요.

## 문화/예술 14

### 디자인·건축 이야기

# 지하철 노선도

> 1931년 런던교통국 전기 기술자가 고안…
> 수직·수평·45도 대각선만으로 노선 구현

서울시가 공개한 새 지하철 노선도입니다.

서울시

서울 지하철 노선도 디자인이 40년 만에 바뀐다고 해요. 순환선인 2호선은 동그라미로, 나머지 노선은 수직·수평 또는 45도 대각선으로 표현했어요. 환승역은 각 노선 색깔로 채운 동그라미로 표시했고요. 위치를 가늠할 수 있게 한강과 바다를 표시했고, 도심과 외곽 지역 경계도 나타냈답니다. 새로운 노선도로 실험한 결과, 역을 찾는 시간이 최고 55% 줄어들었고 특히 외국인들이 이용하기 쉬워졌다고 해요.

## 다이어그램 형식을 적용한 노선도

세계 최초 지하철은 1863년 영국 런던에서 개통했어요. 처음에는 여러 회사가 관리해 노선도라 부를 것이 없었지만, 20세기 들어 런던교통국이 지하철을 관리하면서 통합한 지도의 필요성이 커졌습니다. 당시 노선도는 지도라는 인식이 강해, 실측 지도 위에 노선을 표기하는 방식이었어요.

그러다 1931년 다이어그램 형식을 적용한 노선도가 나옵니다. 런던교통국에서 전기 기술자로 일하던 해리 벡(1902~1974)은 승객들이 관심 갖는 건 역의 실제 위치가 아니라고 생각했어요. 그보다는 어떻게 원하는 역까지 빨리 갈 수 있고 어디서 열차를 갈아타는지가 중요했죠. 여기에 착안해 수직·수평·45도 대각선만으로 노선을 구현했고, 환승역은 다이아몬드로 표시했어요. 노선도에 나오는 실제 지형은 도식화된 템스 강 하나였어요.

실제 지도처럼 그리다가 위치와 방향만 간단하게 압축했어요.

조선일보DB

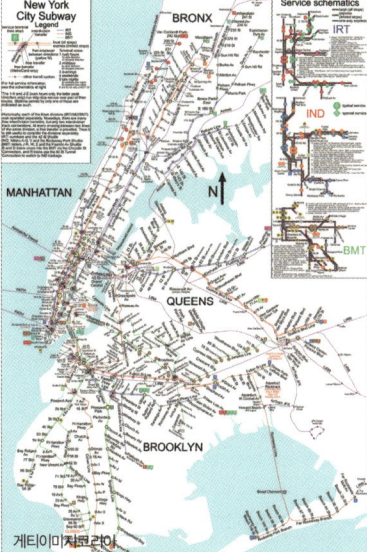

뉴욕 자하철은 미로처럼 복잡하기로 유명해요.

게티이미지코리아

뉴욕지하철노선도

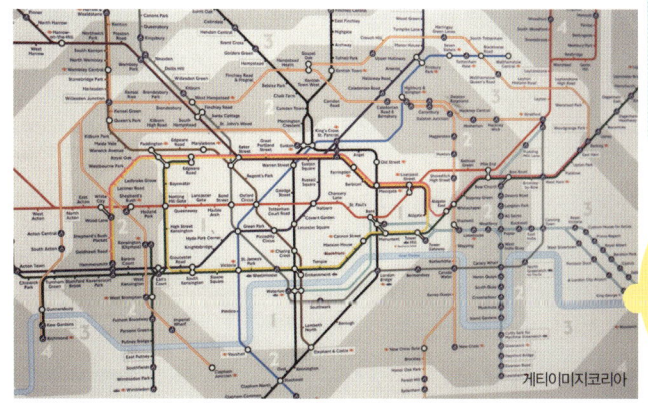

런던지하철노선도

게티이미지코리아

전 세계 지하철 노선도는 영국 해리 벡의 노선도가 원형이에요.

디자인·건축 이야기 | 65

전문적 디자인 교육을 받지 않은 벡이 취미로 만든 노선도는 처음엔 홍보팀이 반려했지만, 1933년 정식 채택돼요. 벡의 노선도는 처음 인쇄한 70만 부가 즉시 매진됐고, 적용한 원리는 전 세계 지하철 노선도의 원형이 됐어요.

승객들의 관심은 역의 실제 위치가 아니에요.

### 많은 사람이 이용하기 편리한 방향으로

1904년 개통한 뉴욕 지하철은 미로처럼 복잡하기로 유명해요. 1965년 뉴욕 대도시권 지하철을 관리하는 MTA가 출범하면서 통합 지도를 만들기로 합니다. 1972년 그래픽 디자이너 마시모 비리(1931~2014)는 극단적으로 단순한 색상의 띠 모양으로 노선도를 디자인해요. 사실성보다 효율성을 중시하며 엉킨 노선을 말끔하게 정리해 낸 이 노선도는 디자인 걸작이라고 평가받았죠. 하지만 지리 정보를 너무 축약한 나머지 탑승객이 혼란을 겪자, MTA는 1979년 노선도에 랜드마크 등을 추가해 지금까지 쓰고 있답니다. 2020년에는 지도를 확대하면 현 위치와 랜드마크 등 자세한 지형 정보를 알 수 있는 모바일용 디지털 지도가 나왔어요. 디지털 기술을 통해 지리적 정확성과 명료한 그래픽을 결합했다는 호평을 받았습니다.

2014년 건축가 유그 체로비치는 전 세계 도시 12곳의 지하철 노선도를 통합 디자인해 유명해졌어요. 이듬해 우리나라 '네이버'가 체로비치와 협동해 새로운 서울 지하철 노선도를 발표했어요. 2018년에는 색각 이상자를 위한 기능을 더한 노선도를 서울시와 선보였어요. 지하철 노선도가 점점 많은 사람이 이용하기 편리한 방향으로 발전하고 있음을 보여주는 사례입니다. ●

— **전종현** 디자인·건축 저널리스트

**Pop Quiz**

런던교통국 해리 벡의 노선도는 세계 지하철 노선도의 원형이 됐어요. 어떤 점에 착안한 아이디어였나요?

## 문화/예술 15

### 디자인·건축 이야기

# 자하 하디드

> '건축계 노벨상' 수상한 최초의 여성…
> 벽·바닥·천장을 물 흐르듯 연결시켜

매년 여름 영국 런던 하이드파크에서 열리는 건축 프로젝트 '서펜타인 파빌리온'에 세계 건축계의 관심이 집중됩니다. 영국 공공 현대미술관인 서펜타인 갤러리는 후원금을 모으기 위해 여름마다 갤러리 앞마당에 임시 건물인 파빌리온을 짓고 파티를 열어요. 전 세계적으로 활동하지만 영국에는 건물을 지은 적이 없는 건축가가 설계를 맡습니

*여성 최초로 프리츠커 건축상을 받았어요.*

'곡선의 여왕'이 아제르바이잔 바쿠에 지은 헤이다르 알리예프 센터.

다. 능력 있고 젊은 건축가에게는 꿈의 무대죠. 그 시작은 2000년 이라크 출신 여성 건축가 자하 하디드(1950~2016)였어요. 그가 지은 임시 천막이 세계적으로 큰 화제를 모으며 흥행에 성공한 뒤 20년 넘게 이어지고 있어요.

## 10년 넘게 건물 짓지 못한 '종이 건축가'

이라크 바그다드에서 태어난 자하 하디드는 런던에 있는 건축 학교 AA스쿨에서 건축을 배웠습니다. AA는 미국 하버드대와 함께 세계 최고 건축 교육 기관 중 하나예요. 졸업 후 하디드는 1980년 런던에 '자하 하디드 아키텍츠'를 설립하며 독립합니다. 하지만 당시 건축계는

도시의 랜드마크가 된 중국 광저우 오페라 하우스.

서구 남성 중심의 보수적 문화가 팽배했어요. 비(非)서구 출신으로 인정받은 거장도 모두 남자였습니다. 아랍계 여성이라는 점은 하디드가 평생 극복해야 할 벽이었죠. 하디드는 혁신적인 아이디어를 발표하며 주목받았지만, 독립 후 10년 넘게 건물을 짓지 못했어요. 뛰어난 독창성과 예술성에 비해 지나치게 난해하고 추상적이어서 사람들이 실현 가능성에 의문을 가졌기 때문이죠. 공모전에서 우승해도 '기술적으로 불가능하다' '공사비를 예측할 수 없다'는 이유로 프로젝트가 취소되기 일쑤였습니다. 쉼 없이 설계도를 내보이던 그에게 붙은 별명은 '종이 건축가'였죠.

1994년 그는 드디어 자신의 첫 건물을 완공합니다. 가구 회사 비트라의 독일 공장에 지은 소방서인데 날카로운 모서리와 하늘로 치솟는 대각선 지붕 외형이 마치 조각처럼 보여 '돌로 된 번개'라는 별명이 붙으며 화제가 됐어요. 이후 여러 건물을 설계하며 명성을 얻었어요. 2004년 그

서울 동대문디자인플라자 (DDP)도 자하 하디드의 대표작입니다.

서울디자인재단

는 여성 최초로 프리츠커 건축상을 받으며 21세기 최고의 스타 건축가로 도약하죠.

### 짓는 족족 도시의 랜드마크로

하디드는 '곡선의 여왕' '비정형 건축의 여제'라고 불렸는데요. 그의 건물은 벽과 바닥, 천장의 구분이 사라져 마치 물이 흐르는 듯 유기적인 모습을 띠어요. 불시착한 우주선 같은 미래적인 이미지 덕분에 짓는 족족 도시의 랜드마크가 됐습니다. 이탈리아 로마 21세기 국립 미술관, 중국 광저우 오페라 하우스, 2012 런던 올림픽 수영장, 아제르바이잔 바쿠에 지은 헤이다르 알리예프 센터, 베이징 다싱 국제공항 등은 걸작으로 꼽히죠. 하디드의 건축 세계는 최첨단 컴퓨터 프로그램과 시공 기술을 만나 완성된 상상과 공학의 결정체였어요.

서울 동대문디자인플라자(DDP)도 그의 대표작입니다. 세계 최대 규모의 비정형 건물로, 직선이나 평면을 전혀 쓰지 않았습니다. 외부에는 크기와 모양이 서로 다른 알루미늄 패널 4만 5,133장을 붙였어요. 설계 당시 동대문운동장 터라는 지역적 맥락을 무시한 '나쁜 디자인'으로 손가락질받았지만, 지금은 서울의 풍경을 바꾼 대표적인 건축 명소로 재평가받고 있습니다.

– **전종현** 디자인·건축 저널리스트

## 글쓰기 생각쓰기 연습

**1** 자하 하디드가 '종이 건축가'로 불리며 10년 넘게 건물을 짓지 못한 이유는 무엇인가요?

------

------

------

------

**2** '곡선의 여왕' '비정형 건축의 여제'라고 불리는 자하 하디드 건축의 특징은 무엇인가요?

------

------

------

**3** 자하 하디드의 건축물은 짓는 족족 도시의 랜드마크가 됐어요. 그중 하나를 조사하고 자신의 감상과 함께 소개해보세요.

------

------

------

------

정답은 QR코드를
찍어서 확인하세요!

# 시사체크! 키워드

## 다윗의 별(Star of David)

**파란색 육각성, 유대 민족의 상징**
**대학살·탄압 '비극적 역사'도 담겨**

나치, 제2차 대전 때 유대인에 '노란 별' 달아 핍박
佛에 '다윗의 별' 낙서… "혼란 노린 러 소행 추정"

유대 민족을 상징하는 다윗성은 이스라엘 국기에서도 찾아볼 수 있어요.

지난 10월 31일(현지 시각), 프랑스 파리 14구 건물 곳곳에서 유대인을 뜻하는 파란색 육각성, '다윗의 별' 표지가 발견돼 논란이 일었습니다. 누군가 유대인을 향한 반발심에 그린 것 아니겠냐는 추측이 나왔죠. 프랑스 경찰은 11월 8일(현지 시각) 성명을 내고 그림을 그린 이들을 체포해 조사한 결과 러시아 정보부의 소행일 수 있다고 밝혔습니다. 유럽에 혼란과 불안을 심기 위한 목적이라는 거죠. 파리 14구는 성명에서 "이런 낙인찍기는 2차 세계대전에서 나치가 유대인 수백만 명을 집단 학살한 방법을 연상케 한다"며 "주동자를 반드시 처벌해야 한다"고 했습니다.

기원전 1010년부터 970년까지 약 40년간 고대 이스라엘을 통치한 다윗왕의 이름을 딴 이 별은 유대 민족을 상징하는 문양으로, 이스라엘 국기에서도 찾아볼 수 있습니다. 1891년 미국 보스턴에서 랍비 애스코위드가 보스턴 유대인 조직을 위해 '유다의 깃발(Flag of Judah)'을 만들었는데, 여기에 처음 쓰였죠. 1904년 미국 세계 박람회에서 이 깃발이 쓰이면서 '통일 유대 민족'의 상징으로 널리 알려졌고, 1948년 이스라엘이 건국되며 국기에 쓰였습니다. '다윗왕의 방패'라는 뜻인 히브리어 'Magen David'가 어원입니다.

다윗의 별에는 아픈 역사도 담겨있습니다. 독일어로 '유덴스테른(Judenstern)'이라고 부르는 노란색 다윗의 별은 '홀로코스트(Holocaust)'라고 불리는 대학살과 유대인 탄압의 상징입니다. 홀로코스트는 1941년부터 1945년까지 히틀러가 이끈 나치당이 유대인을 포함해 민간인 약 1,100만 명을 계획적으로 학살한 사건을 말하죠. 피해자 절반이 유대인이었는데, 당시 유럽에 거주하던 유대인 3분의 2에 달했습니다. 여기에는 유대인 어린이 약 100만 명도 포함됐죠.

노란색 다윗의 별은 '홀로코스트'라고 불리는 유대인 탄압의 상징입니다.

노란 별은 나치가 유대인에게 낙인을 찍으려고 도입했습니다. 유대인이라면 노란 별을 달고 다니게 해서 이들을 쉽게 구별하고 한꺼번에 없앨 계획이었죠. 노란 별을 도입한 뒤 폴란드 거주 유대인 85% 이상이 집단 학살 수용소로 보내지기도 했습니다. 이처럼 시대를 막론하고 일부 집단을 절대악으로 범주화하고 격리하는 행위는 대부분 '제노사이드(Genocide)'로도 불리는 집단 학살로 이어졌습니다.

이스라엘·팔레스타인 전쟁 발발 이후, 반유대주의 사건은 유럽 곳곳에서 일어나고 있습니다. 이탈리아 로마에선 홀로코스트 추모 표지석이 훼손됐고, 오스트리아에선 유대인 장례식장이 불탔죠. 유럽연합(EU) 집행위원회는 이런 현상이 역사상 가장 암울했던 시기를 연상시킨다고 우려하면서 반유대주의 행위를 규탄한다는 입장을 냈습니다. 또 최근 급증하는 반무슬림 사건에도 맞서 싸우겠다고 했습니다. 어떤 쪽이든 증오와 폭력을 부르는 낙인찍기와 선동은 심각한 범죄라는 거죠.

— 조한주 기자

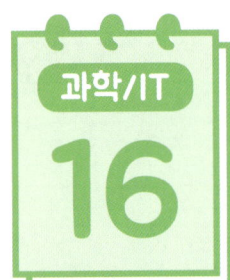

## 과학/IT 16

### 동물 이야기

# 가면올빼미

❝ 보통 올빼미와 달리 하얗고 '끽끽' 울어… 얼굴은 하트 모양이에요 ❞

영국에서 최근 쥐약 원료로 쓰이는 일부 화학약품을 야외에서 쓸 수 없도록 규정을 바꿨대요. 이 약품이 쥐를 잡아먹는 가면올빼미를 위협한다는 지적에 따라 취해진 조치랍니다. 가면올빼미는 올빼미나 부엉이 무리 중에서도 생김새가 독특해요.

가면올빼미는 얼굴 윤곽선이 하트 모양입니다.

보통 올빼미나 부엉이는 깃털 색이 갈색이나 회색 등으로 어둡고, 노란색과 검은색이 선명한 눈동자를 갖고 있죠. 하지만 가면올빼미는 하얗거나 노란 깃털에 검은 눈이고, 얼굴 윤곽선은 하트 모양(♡)이랍니다. 다른 올빼미나 부엉이보다 몸 색깔이 창백하고, 부리부리하기보다 퀭해 보이는 눈망울을 갖고 있어 조금 으스스한 분위기가 나요. 올빼미나 부엉이 특유의 '우~' 하는 울음소리 대신 다소 신경질적인 느낌의 '끽끽'하는 소리를 내죠.

### 많은 곳에서 오싹한 존재로 인식

유별난 생김새와 습성 때문에 가면올빼미는 예로부터 많은 곳에서 오싹한 존재로 인식됐어요. 가령 잉글랜드에서는 가면올빼미가 주로 묘지 부근에 많이 살았는데, 아픈 사람 옆에서 날고 있으면 삶이 얼마 남지 않았다는 징후로 여겼대요. 멕시코 원주민 사포텍족도 가면올빼미를 죽음의 징조로 받아들였대요. 고대 이집트인은 가면올빼미가 저승을 지배한다고 생각했다고 하죠.

가면올빼미는 남극을 제외한 모든 대륙에서 살고 있는데, 올빼미나 부엉이 중 서식 범위가 가

날개를 편 몸길이는 최장 93cm입니다.

장 넓은 편이래요. 아쉽게도 우리나라에서는 길 잃은 개체가 발견된 적이 있을 뿐 터를 잡고 살지는 않는답니다.

가면올빼미의 몸길이는 최장 39㎝이고, 날개를 편 길이는 최장 93㎝입니다. 다른 맹금류와 마찬가지로 암컷이 수컷보다 덩치가 커요. 몸집 말고도 암수를 구별하는 특징이 있어요. 바로 암컷 가슴팍에 나 있는 점박이 무늬랍니다. 암수가 짝을 지을 때 수컷이 점박이 무늬가 더 많은 암컷에게 건강한 매력을 느낀다고 과학자들은 말해요. 실제로 점박이 무늬가 많은 암컷일수록 기생충에 덜 감염된다는 연구 결과도 있어요.

### 설치류 잡아먹는 능숙한 사냥꾼

가면올빼미는 소리 없이 접근해 쥐나 뱀, 개구리 등을 잡아먹는 능숙한 사냥꾼이에요. 먹잇감이 움직이는 소리를 잘 듣기 위해 양쪽 귀 높낮이가 달라요. 가면올빼미는 암수가 짝을 이루면 통상 평생 함께 살아요. 주변 환경에 적응하는 능력이 뛰어나서 나무 위나 동굴뿐 아니라 버려진 건물이나 곡물 저장고, 헛간에 둥지를 틀기도 해요. 그래서 영어 이름이 헛간올빼미라는 뜻의 '반 아울(barn owl)'이랍니다.

가면올빼미는 이틀 정도에 걸쳐 한 배에 보통 4~7개 알을 낳아요. 보통 1년에 한 차례 번식하지만, 주변에 먹잇감이 풍부하면 많게는 세 차례까지도 번식한대요. 수컷이 먹이를 잡아 암컷과 새끼에게 물어다줍니다. 가면올빼미는 보통 하루에 쥐 같은 소형 설치류를 평균 네 마리 먹어치운대요. 1년으로 따지면 1,460마리에 달해, 쥐가 과잉 번식하지 않도록 조절하는 역할을 하죠. 쥐를 박멸하기 위해 뿌리는 쥐약이 오히려 가면올빼미의 생존을 위협하는 상황을 막기 위해 영국이 약품 사용 규정을 바꾼 거예요.

– **정지섭** 기자

 가면올빼미가 주변 환경에 적응하는 능력이 뛰어나서 버려진 건물이나 곡물 저장고, 헛간에 둥지를 틀기도 해 붙여진 이름은 무엇인가요?

## 과학/IT 17

동물 이야기

# 회색관두루미

❝ 아프리카 텃새… 어른 되면 머리에 '금빛 왕관' 깃털 생겨 ❞

머리 뒤에 화려한 술 모양의 아름다운 깃털이 달려 있어요.

아프리카 우간다에서 회색관두루미가 농민들이 일부러 뿌려 놓은 독극물을 먹고 죽는 일이 연이어 일어나 걱정이 크대요. 회색관두루미는 우간다 국기에 등장하는 이 나라 국조이고, 아프리카를 대표하는 새 중 하나거든요. 우리에게 겨울 철새로 친숙한 두루미는 전 세계 여러 지역에 분포하고, 사는 지역에 따라 모습이 다양해요. 동·남아프리카에 사는 텃새인 회색관두루미는 두루미 무리 중 단연 화려한 외모가 돋보인답니다.

이름처럼 머리 뒤에는 금빛 왕관을 쓴 것 같은 화려한 술 모양의 아름다운 깃털이 달려 있어요. 이 깃털은 특별한 기능이 있는 건 아니고, 다 자라 어른이 됐음을 보여주는 '주민등록증' 역할을 한대요. 목덜미에는 붉은색 주머니가 달려 있어요. 이 주머니는 닭의 볏처럼 흥분했을 때 부풀어 올라 상대방을 겁주는 역할을 하죠. 회색관두루미는 두 발로 섰을 때 키가 92㎝로 우리나라를 찾아오는 두루미나 재두루미보다는 몸집이 작아요.

### 천적 피해 높은 나뭇가지에서 잠자요

두루미 특유의 늘씬하고 길쭉한 부리 대신 부리가 짧고 굵어요. 여느 두루미처럼 습지에서 물고기나 물풀을 먹지 않고 풀숲에서 곤충을 주로 잡아먹기 때문에 식습관에 맞게 부리 모양이 바뀐 것이죠. 키도 작고 부리도 짧지만, 회색관두루미에겐 우리나라 두루미가 따라 할 수 없는 재주가 있지요. 바로 나뭇가지나 횃대에 사뿐히 내려앉기랍니다. 풀숲과 초원에서는 언제 습격할지 모르는 포식자를 조심해야 해요. 그래서 잠을 잘 때는 높은 나뭇가지 위에서 자는 게 안전하죠. 회색관두루미는 다른 두루미와 달리 뒤쪽 발가락이 튼튼해서 나뭇가지를 움켜쥘 수 있답니다.

반면 다른 두루미들은 물가처럼 천적의 위험이 작은 곳에서 잠을 자기 때문에 나뭇가지에 앉을 만큼 뒤쪽 발가락이 튼튼할 필요가 없어요. 우리나라 옛날 민화 중에는 소나무 가지 위에 앉은 두루미를 그린 작품이 있어요. 이 그림이 사실에 부합하려면 그림 속 두루미가 회색관두루미여야 하죠.

### 아프리카에서는 신성한 존재로 여겨

두루미는 암컷과 수컷이 짝을 지으면 대부분 평생을 함께하는 부부 금슬과 화려한 사랑의 춤사위로도 유명해요. 회색관두루미도 번식 철이 다가오면 암컷과 수컷이 머리를 까딱이고, 날개를 퍼덕이는 등 아주 다채로운 동작을 선보인답니다. 암수가 서로를 바라보고 동작을 반복하며 부부애를 과시하죠.

회색관두루미는 "우왱 우왱" 하는 울음소리를 내요. 1㎞ 밖에서도 소리가 들릴 만큼 아주 우렁차답니다. 울음소리를 통해 자신의 세력권을 주장하고, 배우자에게 자신이 용감하고 튼튼하다는 걸 과시할 수 있대요. 회색관두루미뿐 아니라 대부분 두루미는 여느 새에 비해 울대(새나 곤충이 소리를 내는 기관)가 아주 길어서 우렁찬 울음소리를 낼 수 있어요. 예로부터 아프리카 어떤 부족은 우렁찬 울음소리를 내면서 하늘을 날아가는 두루미를 신성한 존재로 여겼대요. 그래서 부족 의식 때 두루미 몸짓을 흉내 낸 몸동작을 선보인대요. ●

– **정지섭** 기자

> 회색관두루미는 두루미 특유의 늘씬하고 길쭉한 부리 대신 짧고 굵은 부리를 가졌어요. 그 이유는 무엇인가요?

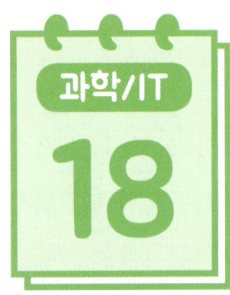

## 과학/IT 18

# 흑범고래

**동물 이야기**

> 공동 사냥하고 같이 식사… 6~7년에 한 번씩 새끼 낳아요

몸 대부분이 까무잡잡하고 다 자라면 몸길이가 6m에 달해요.

다도해해상국립공원에 속하는 전남 완도군 여서도 바다에서 얼마 전 흑범고래 떼가 이동하는 모습이 발견됐어요. 주로 동해와 남해에서 모습을 드러냈던 흑범고래가 남해 중에서도 서쪽인 이 지역에서 발견된 건 아주 드물어서 과학자들은 기후 변화 때문이 아닐까 추측하고 있대요. 흑범고래는 몸 대부분이 까무잡잡하고, 배쪽 일부만 옅은 회색을 띠는 고래예요. 다 자라면 몸길이는 6m, 몸무게는 1,400kg까지 나간답니다. 육상 포유동물의 앞발에 해당하는 가슴지느러미는 니은(ㄴ)자 형태로 살짝 구부러졌고, 꼬리지느러미는 전체 몸 크기에 비해 아주 작은 편이에요.

### 지능이 높고 사회성이 강해요

태평양·대서양·인도양 등 전 세계의 모든 큰 바다에서 흑범고래를 볼 수 있어요. 이름은 범고래와 연관이 있답니다. 우선, 흑범고래는 '검은 범고래'라는 뜻이고요. 영어 이름은 '가짜 범고래'라는 의미의 '폴스 킬러 웨일(false killer whale)'이에요. 흰색과 검은색 무늬를 한 범고래는 몸길이가 10m까지 자라고 다른 고래와 상어, 물개까지 잡아먹는 무서운 사냥꾼이에요. 흑범고래도 몸 색깔만 다를 뿐 머리 모양과 몸통 등이 범고래와 비슷해 이런 이름이 붙었어요. 하지만 같은 고래 무리 중 범고래와 가깝지는 않대요.

고래는 대개 지능도 높고 사회성이 아주 강해서 체계적인 무리 생활을 하는데, 흑범고래도 예외는 아니에요. 몇 마리씩 작은 무리를 짓고, 이 작은 무리끼리 연합해서 큰 무리를 형성하죠. 때때로 무리를 완전히 해산한 다음 새로 무리를 구성하기도 해요. 주 먹잇감은 물고기와 오징어인데, 만새기나 다랑어 같은 커다란 물고기도 곧잘 사냥해요. 사냥은 무리가 함께 힘을 합쳐서 하고, 잡은 먹잇감도 사이좋게 나눠 먹어요. 이렇게 공동사냥·공동식사를 하며 무리는 더욱 단단해지죠.

### 인간은 흑범고래의 가장 무서운 적

수명은 60년 정도인데, 8살 정도 되면 번식할 수 있어요. 암컷은 11~16개월 임신 기간을 거쳐 새끼를 낳는데 두 살 될 때까지 직접 젖을 먹이고 바다에서 살아가는 데 필요한 여러 요령을 가르치죠. 이렇게 젖 먹이고 키우는 데 짧지 않은 시간이 걸리다 보니 6~7년에 한 번씩만 번식하고, 40살 중반이 되면 더 이상 임신을 하지 않아요. 이후 암컷은 무리에서 소외되지 않고 다른 어린 암컷들의 새끼를 돌봐준대요. 초보 엄마들에게 경험을 전수해 주는 할머니 역할을 하는 거죠.

사회성이 강해서 체계적인 무리 생활을 합니다.

다른 고래와 비교해 두드러진 특징 중 하나는 종류가 다른 고래와 잘 어울린다는 거예요. 자신보다 덩치가 왜소한 큰돌고래와 무리 지어 이동하는 모습이 유독 많이 발견돼요. 심지어 흑범고래와 큰돌고래가 짝을 지어 교잡종이 태어나기도 했대요. 흑범고래와 큰돌고래가 왜 이렇게 각별한 관계인지는 뚜렷한 이유가 밝혀지지 않았대요. 흑범고래는 바다에서 최상위 포식자로 천적이 거의 없지만, 자신보다 덩치가 큰 범고래나 상어에게 공격받는 경우가 종종 있어요. 가장 무서운 적은 인간이랍니다. 주요 먹잇감이 물고기이다 보니 어선이 쳐놓은 그물에 걸려 목숨을 잃는 경우가 자주 있거든요.

– 정지섭 기자

**Pop Quiz**

무서운 사냥꾼인 범고래와 몸 색깔만 다를 뿐 머리 모양과 몸통 등이 비슷해 붙여진 흑범고래의 영어 이름은 무엇인가요?

## 과학/IT 19

### 동물 이야기

# 이베리아스라소니

> 다른 고양잇과 맹수보다 쫑긋 선 귀…
> 20년 전 100마리서 최근 1,600마리로 늘어

스라소니 특유의 쫑긋 선 귀로 주변 소리를 잘 들을 수 있어요.

세계자연기금(WWF)

스페인과 포르투갈에 사는 이베리아스라소니가 1,668마리까지 늘어났다고 스페인 환경부가 최근 발표했어요. 20년 전 100마리도 채 남지 않아 멸종 위기에 몰렸지만, 꾸준한 보호 노력이 결실을 본 거죠. 스라소니는 사자나 호랑이, 표범, 삵 등과 마찬가지로 고양잇과에 속해요. 다른 고양잇과 맹수들에 비해 덥수룩한 털과 쫑긋 선 귀, 길쭉한 다리와 짧고 뭉툭한 꼬리 등이 특징이죠.

### 쫑긋 선 귀로 위험 감지해요

스라소니는 사는 곳에 따라 종류가 나뉘어요. 스페인과 포르투갈이 있는 이베리아 반도에 서식하는 종류가 바로 이베리아스라소니랍니다. 스라소니 무리 중에 가장 큰 것은 한반도 북부부터 시베리아와 중앙아시아, 동유럽, 북유럽에 걸쳐 사는 유라시아스라소니로, 몸길이가 최장 130㎝나 돼요. 이베리아스라소니는 110㎝로 그보다 조금 작아요. 몸통과 다리에 난 점박이 무늬가 유라시아스라소니보다 또렷하죠.

스라소니 특유의 쫑긋 서 있는 귀가 어떤 기능을 하는지는 여러 추측이 나옵니다. 주변 소리를 잘 들어서 먹잇감을 찾거나 위험을 감지하는 데 도움이 된다고 해요. 이베리아스라소니가 주로 사는 곳은 참나무와 덤불 등이 우거진 지중해성 삼림 지대예요. 더운 여름에는 낮에 자고 밤에 활동하는 야행성으로 생활하다, 추운 겨울이 되면 반대로 해가 떠 있을 때 활발하게 움직이죠.

멸종 위기 동물이었지만 최근 개체 수가 늘어났어요.

이렇게 계절에 따라 행동 습성이 바뀌는 건 주된 먹잇감인 토끼의 습성을 따라가는 것이라고 과학자들은 이야기해요. 토끼의 생활 습관을 꿰뚫고 있어야 사냥하기 쉽다는 거죠. 실제로 이베리아스라소니의 먹잇감 대부분이 토끼래요. 새나 쥐, 멧돼지, 사슴, 염소 등도 사냥하지만, 토끼를 찾기 어려울 때에야 다른 먹잇감을 노린대요. 간혹 무리를 지어서 함께 사냥하기도 하지만, 대부분 자기만의 세력권을 갖고 단독 생활을 해요.

### 보호 정책으로 개체 수 증가해

이베리아스라소니는 12~2월에 짝짓기를 하면 보통 3~4월에 새끼를 많게는 네 마리, 적게는 한 마리 낳아요. 바위틈이나 나무 아래 움푹 팬 구덩이 등에 보금자리를 꾸미는데, 어미는 통상 열 달 정도인 육아 기간에 3~4번 이사한대요. 새끼 배설물 냄새 등을 맡고 포식자들이 접근하는 걸 막고, 한곳에 오래 있어 기생충이 번식하는 걸 피할 수 있거든요.

이베리아스라소니는 과거 남유럽에서 가장 큰 고양잇과 맹수로 일대를 호령했지만, 삼림 개간으로 숲이 파괴되고 마구잡이로 사냥당해 멸종 직전까지 갔죠. 그러자 유럽연합(EU)이 보호와 복원에 나섰어요. EU는 우선 이베리아스라소니를 법적 보호종으로 지정했어요. 또 야생 스라소니를 생포해 번식시켜 수를 불린 뒤 스페인과 포르투갈의 숲에 방사했어요. 도로에서 차에 치여 죽는 로드킬을 막고자 울타리 등 안전 시설도 설치했고요. 이런 보호 정책이 효과를 얻으면서 최근 숫자가 부쩍 늘어난 거죠. ●

– **정지섭** 기자

## 글쓰기 생각쓰기 연습

**1** 스라소니의 외형적 특징을 다른 고양잇과와 비교해 설명해보세요.

**2** 이베리아스라소니는 계절에 따라 낮과 밤의 행동 습성이 어떻게 바뀌나요? 그 이유는 무엇인가요?

**3** 멸종 위기 동물이었던 이베리아스라소니는 꾸준한 보호 노력으로 개체 수가 늘어났어요. 어떤 보호 정책들의 효과인가요?

정답은 QR코드를
찍어서 확인하세요!

## 과학/IT 20

# 인공위성

### 재미있는 과학

> 지구 상공 1만 대 넘어… 10㎝, 1.33㎏ 초소형 위성이 유행

지난 9월 김정은 북한 국무위원장이 블라디미르 푸틴 러시아 대통령을 만났어요. 이 만남이 특히 더 주목받은 이유는 장소 때문이에요. 러시아 아무르주 보스토치니 우주기지에서 만났는데, 두 국가 정상이 만나는 장소로는 매우 이례적인 곳이었어요. 김정은 위원장은 러시아 우주기지를 구석구석 살펴보며 관심을 가졌고, 러시아는 앞으로 북한의 인공위성 개발을 돕겠다고 약속한 것으로 전해졌습니다. 인공위성이 어떤 역할을 하기에 북한이 관심을 갖는 걸까요? 지금부터 인공위성에 대해 알아봐요.

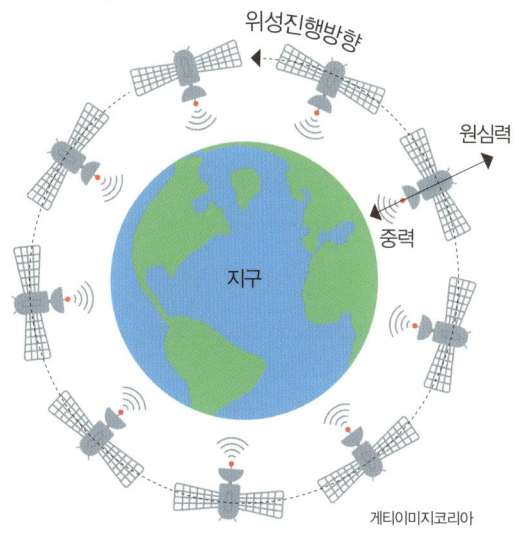

지구 중력과 인공위성의 원심력이 서로 평형을 이루기 때문에, 인공위성이 일정한 궤도를 그리며 운행할 수 있어요.

### 일정 궤도 그리며 24시간 지구 관찰

위성이란 행성의 인력에 의해 그 둘레를 도는 천체를 지칭해요. 밤마다 환하게 빛나는 달은 지구의 유일한 위성이죠. 그런데 지구 주변에는 더 많은 위성이 떠 있습니다. 바로 인공위성입니다. 인공위성은 '인공'이라는 이름 그대로 사람이 만든 위성을 말해요. 우주로 날아가

1만 대 넘는 인공위성이 지구 주위를 돌며 임무를 수행 중입니다.

특정한 목적에 의해 지구 주위를 돌고 있지요.

어떻게 우주로 나간 인공위성이 지구에서 더 멀어지지 않고, 일정한 궤도를 따라 돌 수 있는 걸까요? 비결은 '중력'에 있어요. 인공위성은 지구를 중심으로 도는 원운동을 하고 있어요. 그래서 지구 반대 방향으로 나가려는 원심력이 작용하고 있지요. 이 원심력을 방해하는 힘이 지구 중력입니다. 중력이 밖으로 나가려는 인공위성을 지구 쪽으로 끌어당기는 거예요. 중력과 원심력이 서로 평형을 이루기 때문에 인공위성이 계속 일정한 궤도를 그리며 움직일 수 있는 거랍니다.

최초의 인공위성은 소련이 개발한 스푸트니크 1호입니다. 실물 크기 그대로 복제한 모형.

인류가 우주로 보낸 최초의 인공위성은 소련이 개발한 스푸트니크 1호입니다. 1957년 10월 4일 발사했어요. 당시 과학기술 수준으로는 인간이 만든 무엇인가를 우주로 쏘아 올렸다는 사실 자체가 매우 획기적인 사건이었어요. 이후 미국도 개발에 뛰어들며 두 나라는 서로 경쟁적으로 우주 산업을 발전시켰죠. 여기에 일본, 프랑스, 인도 등이 뒤를 이으면서 '대우주 시대'가 열렸습니다. 그 결과 현재까지 1만 대 넘는 인공위성이 발사돼 지구 주위를 돌며 임무를 수행 중입니다.

인공위성은 맡은 임무에 따라 종류가 나뉘어요. 지구 관측 위성은 이름 그대로 지구 곳곳을 관측하는 위성이에요. 오존층이 얼마나 파괴됐는지, 남극의 빙하가 얼마가 녹았는지 등을 확인할 수 있어요. 지도 앱에서 내 위치를 알려주는 역할을 하는 GPS(위성 위치 확인 시스템)는 'GPS 위성'의 정보를 활용한 기술이에요. 우리가 스마트폰에서 지도 앱을 켜면 일정 궤도 위에 떠 있는 GPS 위성 4개가 전파를 쏩니다. 이 전파가 스마트폰 수신기에 도착하기까지 걸리는 시간 정보를 활용해 현재 우리가 있는 위치와 이동 속도를 알아낼 수 있죠.

> 대표적인 군집 위성은 '스타링크'입니다. 작은 위성 1만 2,000개가 군집으로 움직여요.

> 사진 속 흰색 줄은 지구 주변에서 작동하고 있는 '스타링크'의 움직임이에요.

칠레의 세로 토롤로 범미주 천문대(CTIO)에서 찍은 밤하늘 사진.

통신 위성은 중간 전달자 역할을 해요. 유럽이나 미국처럼 지구 반대편에서 보내는 신호는 거리가 너무 멀어서 우리나라에서 직접 받기 어려워요. 대신 지구 밖에 떠 있는 위성으로 먼저 신호를 보내고, 위성이 다시 우리나라로 신호를 보내면 원하는 정보를 주고받을 수 있습니다. 덕분에 새벽 시간 지구 반대편에서 열리는 손흥민 선수의 축구 경기를 실시간으로 선명하게 볼 수 있는 거죠. 날씨 예보에서 보는 구름 영상은 기상 위성이 찍은 것으로, 영상을 보고 내일 날씨를 예측할 수 있답니다.

이처럼 인공위성은 지구에서 일어나는 다양한 일을 관측하고, 정보를 전달하거나 통신할 수 있게 도와줘요. 이러한 여러 기능 때문에 인공위성은 초기에 군사 목적으로 개발되기 시작했습니다. 적은 몇 명인지, 피해 정도는 얼마나 되는지, 공격이 가능한 지역은 어디인지 등 전쟁에 필요한 정보를 알아낼 수 있거든요. 원하는 정보를 원할 때 알아내기 위해 여러 국가가 인공위성을 직접 만들어 운영하고 싶어합니다. 김정은 북한 국무위원장이 러시아 우주기지와 인공위성 등 우주 기술에 관심을 갖는 것도 바로 이 때문이랍니다.

### 떼 지어 몰려다니는 소형 군집 위성

최근에는 인공위성을 점점 더 작게 만드는 추세입니다. 크기가 작을수록 만드는 시간과 비용

2023년 5월 대전 유성구 전민동 '쎄트렉아이'에서 연구원들이 지구관측용 인공위성을 제작하고 있는 모습.

이 적게 들고, 우주로 날려 보내는 로켓에 위성 여러 개를 한꺼번에 담을 수 있어 효율적이거든요. 과학 기술 발전으로 카메라와 배터리 등 여러 장비를 소형으로 개발하면서 가능해진 일이기도 합니다. 이렇게 작아진 인공위성을 '큐브 위성(큐브샛)'이라고 해요. 가로·세로·높이가 모두 10㎝ 이하, 질량이 1.33㎏ 이하인 초소형 인공위성입니다.

작은 위성이 하나의 군대처럼 군집을 이뤄 임무를 수행하는 군집 위성도 주목받고 있습니다. 사실 인공위성 하나가 관찰할 수 있는 구역은 매우 한정적입니다. 카메라로 꽃밭을 찍는다고 상상해 볼게요. 원하는 꽃을 선명하게 찍기 위해선 찍으려는 꽃과 가까워야 합니다. 그래서 카메라를 가까이 가져가면 찍을 수 있는 범위가 좁아지죠. 반대로 넓은 면적을 찍기 위해선 꽃으로부터 멀리 떨어져야 하는데, 이 경우 꽃 하나를 선명하게 찍을 수는 없습니다. 인공위성도 마찬가지예요. 이 단점을 해결하기 위해 위성 개수를 늘렸어요. 인공위성 여러 대가 지구 상공 곳곳에 떠 있으면 넓은 지역을 24시간 내내 선명한 화질로 관찰할 수 있습니다.

대표적인 군집 위성은 '스타링크'입니다. 스타링크는 현재 민간 우주 기업 스페이스X가 운영하는 서비스로, 작은 위성 약 1만 2,000개가 군집으로 움직인다고 해요. 작은 위성을 지구 상공 전 구역에 촘촘하게 배치해 전 세계 어디에서나 사용할 수 있는 인터넷을 제공할 예정이지요. 현재 위성 수천 개가 발사돼 지구 저궤도를 돌고 있는데, 별처럼 반짝이는 위성 여러 대가 줄지어 움직이는 모습이 때때로 발견되기도 한답니다. ●

– **이윤선** 과학 칼럼니스트

**Pop Quiz**

가로·세로·높이 10㎝ 이하, 질량 1.33㎏ 이하인 초소형 인공위성을 이르는 말은 무엇인가요?

## 과학/IT 21 냉동 인간

**재미있는 과학**

> 영하 196도 액체질소로 급속 냉동… 150명 동면 중

미 항공우주국(NASA)

지구온난화로 영구동토층이 녹으면서 그 안에 있던 식물과 미생물, 가스가 모습을 드러내고 있어요. 미국 알래스카 툰드라의 영구동토층.

영구동토층에 잠들었다가 4만 년 만에 부활한 선충류 '파나그롤라이무스 콜리맨시스'.

독일 막스플랑크연구소

지구온난화로 세계 각지의 생태계가 변하고 있어요. 남극도 빙하가 빠른 속도로 녹아 얼음 대신 풀이 무성한 모습으로 바뀌고 있죠. 영구동토층도 녹고 있어요. 영구동토층은 1년 내내 얼어 있는 땅을 말해요. 두께가 약 80~100m 정도로, 수천 년에서 수만 년 동안 꽁꽁 얼어 있는 땅입니다. 그 안에는 얼음이 얼 당시 식물과 미생물은 물론, 석탄과 가스 등이 묻혀 있어요.

그런데 지구온난화로 영구동토층이 녹으면서 그 안에 있던 식물과 미생물, 가스가 모습을 드러내고 있어요. 최근에는 영구동토층에 갇혀 있던 벌레가 완전히 깨어나고 번식해 과학자들의 주목을 받고 있습니다.

### 영구동토층 속 기생충, 4만 년 만에 깨어나

지난 7월 독일 막스플랑크연구소 유전학연구소 게이드 박사가 이끈 공동 연구팀은 영구동토층에 갇혀 있던 벌레를 부활시키는 데 성공했다고 발표했어요. '파나그롤라이무스 콜리맨시스

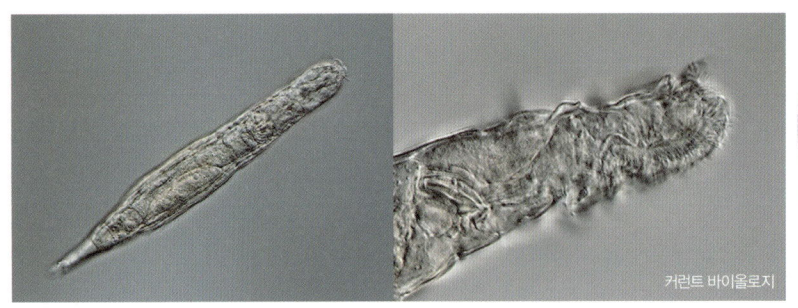

영구동토층에서 나온 2만 4,000년 전 윤충.

(Panagrolaimus kolymaensis)'라는 이름의 이 벌레는 1㎜ 미만 아주 작은 크기로, 시베리아 영구동토층 표면 아래 40m 지점에서 발견됐어요.

연구진은 이 벌레가 어떤 종인지 알아보기 위해 유전자 분석을 했어요. 그 결과 그동안 알려지지 않은 새로운 종의 선충류라는 사실을 확인했어요. 선충류는 기생충의 일종이에요. 연구진은 이 종이 과거 존재했지만, 시간이 흐르면서 멸종했을 것이라고 봤어요. 이 벌레가 있었던 흙을 분석해 보니, 약 4만 6,000년 전 흙으로 나타났어요. 이 벌레는 4만 6,000년 동안 얼음에 갇혔던 거예요.

연구진은 파나그로라이무스 콜리맨시스를 실험실 접시에 넣고 먹이가 될 만한 박테리아를 함께 담아줬습니다. 그러자 벌레가 완전히 잠에서 깨어나 신체 활동을 다시 시작했고, 심지어 일부는 번식도 했습니다. 오래전 얼음에 갇히면서 죽은 게 아니라, 4만 년 넘는 긴 시간 동안 깊은 잠에 빠졌다가 깨어난 거죠.

과학자들은 지구에 존재하는 미생물 일부가 극한 환경에서 살아남기 위해 신체 활동을 잠시 멈출 수 있다는 사실을 알고 있었어요. '크립토바이오시스'라 부르는 이 현상은 마치 잠을 자는 것과 같아 '휴면 상태'라고 해요. 몸의 활동을 매우 낮은 수준으로 유지하면서 깊은 잠에 빠지는 거예요. 실제로 이 벌레를 분석해 보니 크립토바이오시스와 관련 있는 유전

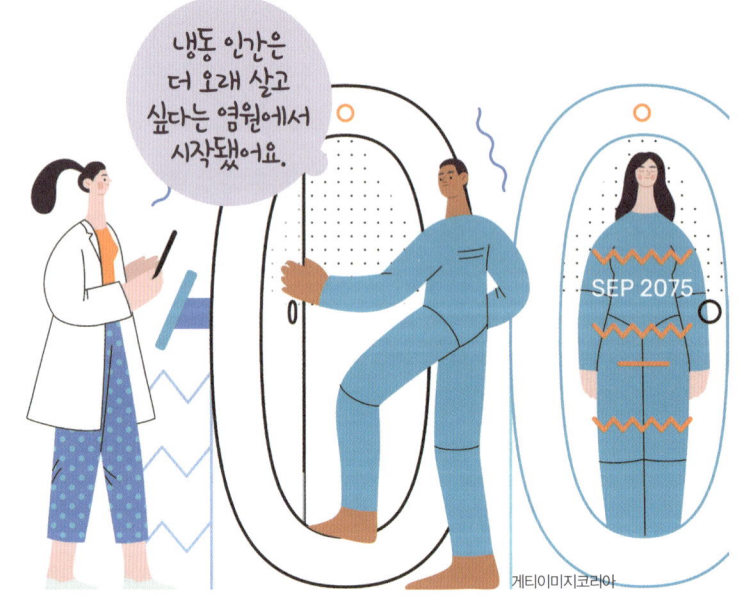

자를 갖고 있었습니다.

연구진이 이 벌레를 매우 건조한 환경에 노출했더니 크립토바이오시스에 대비해 몸에서 당(糖)을 만들었어요. 당은 DNA와 세포, 단백질 등이 외부 환경 변화로 분해되지 않도록 보호하는 역할을 했죠. 이 벌레는 이러한 방식으로 영하 80도 환경에서 최대 480일을 버틸 수 있었습니다.

### 냉동 인간, 영하 캡슐에서 잠들다

이번 연구는 4만 년 넘는 시간 동안 낮은 온도의 극한 환경에서 신진대사를 멈추고 휴면 생활을 할 수 있는 생명체를 발견했다는 점에서 과학자들의 주목을 받았습니다. 파나그로라이무스 콜리맨시스의 비밀을 풀면 그동안 많은 사람이 꿈꿔온 냉동 인간 기술이 현실화할 수 있을지 주목하고 있답니다.

냉동 인간은 인간 몸의 생체 시간을 잠시 멈추고, 세포가 노화하지 않도록 보존하는 기술을 말해요. 미국 물리학자 로버트 에팅거의 아이디어로, 더 오래 살고 싶다는 사람들의 염원에서 시작됐죠. 냉동 인간이 돼 잠들었다가 과학이 발전한 미래에 깨어나면 지금은 고치지 못하는 난치병을 고칠 수 있고, 병으로 죽은 사람도 살려낼 수 있을 거라고 생각한 겁니다.

실제로 해외에는 '냉동 보존' 서비스를 제공하는 회사가 있어요. '잠들어 있는' 냉동 환자가 150명이 넘고, 1,000명 넘게 회원으로 등록돼 있답니다.

냉동 보존 서비스는 냉동 인간이 되길 원하는 환자가 사망하는 순간 시작합니다. 몸이 부패하는 것을 막고자 우선 시신을 곧바로 얼음 통에 넣어요. 냉동됐다가 깨어날 때 가장 중요한 기관은 뇌예요. 기술자들은 뇌가 손상되지 않도록 심폐 소생 장치로 몸 전체에 혈액이 계속 순환하도록 합니다.

이후 시신을 회사 본사로 옮긴 뒤 알루미늄 관에 넣습니다. 30분 안에 체온을 3도까지 내리고, 몸의 혈액을 다 뽑아낸 후 피가 빠져나간 빈 자리에 세포 부패를 막는 동결 방지제를 채워 넣지요. 이후 영하

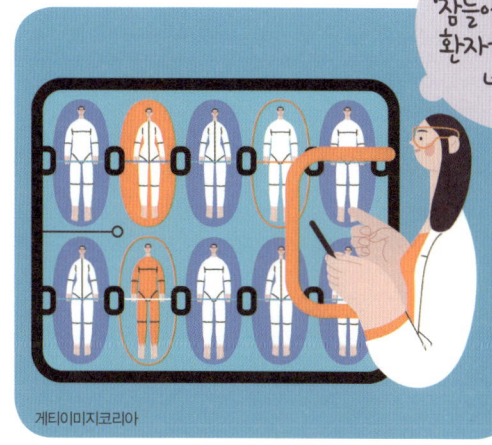

현재 해외에는 '잠들어 있는' 냉동 환자가 150명이 넘어요.

게티이미지코리아

196도 액체질소 캡슐에 시신을 급속 냉동해 보관합니다. 그렇게 냉동 인간은 캡슐에서 미래 어느 날 해동되기를 기다리는 거예요.

아직 냉동한 시신을 해동한 적은 없어요. 손상 없이 해동하는 기술은 매우 까다로운 과정으로, 아직 개발 단계지요. 그동안 정자나 난자, 피부 세포, 세균 등 단일 세포를 얼렸다가 활성화하는 경우는 많았지만, 사람 몸 전체를 해동한 사례는 아직 없어요. 장기 세포 안까지 열을 균일하게 전달할 수 있는 급속 해동이 가능해져야 손상을 최소화하고 성공적인 부활을 시도할 수 있을 것으로 보고 있어요.

'냉동 인간 프로젝트' 진행하는 미국 알코어생명연장재단.

### 우주여행 때 체력과 비용 아낄 수 있어

냉동 인간 보존 기술은 우주여행에 활용할 수 있어요. 과학자들은 지구 밖 새로운 행성으로 떠나는 우주여행을 꿈꾸고 있어요. 문제는 비행시간입니다. 화성까지 가는 데만 6개월이 걸리고, 그보다 멀리 있는 행성까지 가려면 더 오랜 시간 비행해야 합니다. 이 기간에 필요한 음식을 챙겨야 하고 호흡과 배변을 위해 우주선에 담을 짐도 많아져요. 또 긴 시간 꼼짝없이 갇혀 있어야 하니 우주인이 스트레스를 받기도 쉬워요. 만약 겨울잠을 자는 동물처럼 동면하면 필요한 에너지를 줄여 체력과 짐, 비용을 한꺼번에 아낄 수 있어요. 이를 '인공 동면'이라고 해요. 인공 동면은 체온을 내려 몸의 활동을 최소로 했다가 원하는 시간에 깨어나는 걸 목표로 한다는 점에서 냉동 인간과 비슷해요. 실제로 미 항공우주국(NASA)은 인공 동면 기술 '콜드 슬립'을 연구하고 있으며, 2030년쯤 화성에 우주인을 보내는 유인 탐사에 이 기술을 활용할 계획이랍니다. ●

— **이윤선** 과학 칼럼니스트

**Pop Quiz**

'크립토바이오시스' 현상이란 무엇인지 설명해보세요.

## 과학/IT 22

재미있는 과학

# 동식물 '푸드 파이터'

**" 0.2초 만에 먹잇감 식별하고 꿀꺽, 비 오면 육식하는 식물도 "**

별코두더지는 세상에서 가장 빨리 먹이를 먹는 푸드 파이터예요.

위키피디아

기다란 발톱이 있는 큰 발은 흙을 팔 때 요긴하게 쓰여요.

민첩하게 사냥하고 식사하는 비법은 별 모양 코에 있어요.

게티이미지코리아

요즘 많은 양의 음식이나 신기한 음식을 먹고 그 모습을 사람들에게 공개하는 방송, 일명 '먹방'이 큰 인기입니다. 그런데 자연에서도 특이한 먹성을 자랑하는 동식물이 있다고 해요. 눈 깜짝할 사이에 빠르게 먹이를 먹는 두더지에서 형제를 먹는 벌레까지, 자연계 푸드 파이터를 만나 봐요.

### 세상에서 가장 빨리 먹는 별코두더지

처음으로 만나볼 동물은 외모부터 범상치 않은 별코두더지입니다. 얼핏 보면 코에 말미잘 혹은 문어 다리가 붙어 있는 듯한 모습이에요. 과학자들은 이 코가 별처럼 생겼다고 해서 이름에 '별코'라는 단어를 붙였지요. 또 정면에서 봤을 때 코만큼 시선을 끄는 것이 앞발이에요. 기다란 발톱을 갖고 있어서 마치 사람 손처럼 보이거든요. 기다란 발톱이 있는 큰 발은 흙을 팔 때 요긴하게 쓰여요. 두더짓과에 속한 동물인 만큼, 흙을 파고 땅속에서 생활해요. 물속에서는 발을 지느러미처럼 써서 물살을 가르며 헤엄친답니다.

별코두더지는 세상에서 가장 빨리 먹이를 먹는 푸드파이터예요. 주로 곤충·지렁이를 먹어요. 이때 먹잇감을 식별하고 먹는 데까지 걸리는 시간은 단 0.2초에 불과합니다. 25년간 별코두더지를 연구한 미국 밴더빌트대 생물학자 케네스 카타니아 교수는 별코두더지가 민첩하게 사냥하고 식사하는 비법이 별 모양 코에 있다고 설명했어요.

별처럼 생긴 코를 자세히 들여다보면, 표면에 10만 개 이상의 신경섬유가 벌집 모양으로 촘촘하게 들어차 있어요. 사람 손에 촉감 정보를 받아들이는 신경섬유가 약 1만 7,000개 있으니, 양만 해도 6배 많은 거예요. 그만큼 코를 이용해 미세한 정보까지 빠르게 알아챌 수 있는 거죠. 카타니아 교수는 별코두더지가 먹이를 사냥해 먹는 0.2초 중에서 눈앞에 있는 대상이 먹을 수 있는 건지 아닌지를 판단하는 시간은 0.0008초에 불과하다고 했어요. 그 어떤 포유류보다 빠른 속도예요. 환경 정보를 뇌로 보내는 신경계의 움직임이 생리적 한계에 근접한 수준이라 표현할 정도지요.

실제로 그동안 과학자들은 별코두더지가 생활하는 데 필요한 모든 정보를 코로 받아들이고 처리한다고 생각했어요. 코로 주변 환경을 인식하는 거예요. 냄새도 기가 막히게 잘 맡아요. 포유류임에도 물속에서 냄새를 맡을 수 있는데, 그 비결은 공기 방울이에요. 카타니아 교수가 별코두더지의

곤충을 잡아먹는 식충식물 파리지옥이에요.

게티이미지코리아

덩굴식물 트리피오필룸 펠타툼은 인이 부족하면 곤충을 잡아먹기 위해 끈적끈적한 액체를 잎 표면에 분비해요.

위키피디아

수중 생활을 직접 촬영해 분석한 결과, 어떤 물체를 파악할 때 공기 방울을 내뿜은 뒤 재빨리 도로 빨아들인다는 사실을 알아냈어요. 한번 내뿜은 공기 방울에는 주변 냄새가 들어가거든요. 그래서 물체에 닿은 공기 방울을 다시 빨아들여서 물체의 냄새를 맡는 거예요. 이 원리를 이용해 주변에 먹잇감이 있는지 찾아낸다고 합니다.

## 비 오는 날 육식하는 덩굴식물

콜로라도감자잎벌레는 태어나자마자 형제들을 잡아먹는다고 알려졌어요.

게티이미지코리아

곤충을 잡아먹는 식충(食蟲)식물은 파리지옥·끈끈이주걱 등 여러 종이 알려져 있어요. 이 식물들은 곤충 등 작은 동물을 주 먹이로 삼아 영양분을 얻지요. 그런데 최근 특정 상황에서만 식충식물로 변하는 덩굴식물 '트리피오필룸 펠타툼(Triphyophyllum peltatum)'의 비밀이 밝혀졌어요.

독일 라이프니츠 하노버대 과학자들은 트리피오필룸 펠타툼을 직접 재배하며 관찰했어요. 이 식물은 평소에는 광합성을 하다가 특정 상황에서 식충식물로 돌변해 곤충을 사냥하는 것으로 알려져 있지만, 그 이유가 밝혀지지 않았지요. 이를 밝혀내고자 연구진은 이 식물 수백 그루를 준비한 뒤, 온도와 영양소 등을 다르게 설정한 환경에 각각 놓고 기르며 변화를 살펴봤습니다. 그 결과 '인(P)' 성분이 부족한 환경에서 식성을 육식으로 바꾼다는 사실을 알아냈어요. 대표적으로 비가 오는 날이지요.

인은 생명체가 살아가는 데 꼭 필요한 6대 필수 원소예요. 그러나 물에 쉽게 녹기 때문에 비가 오는 날이면 빗물에 씻겨 나가요. 주변 흙에서 인을 섭취하기 어려워지죠. 이럴 때 트리피오필룸 펠타툼은 잎에 분비샘을 만들고, 끈적끈적한 액체를 잎 표면으로 내보내요. 이 끈적한 액체에 지나가던 곤충이 붙으면 날름 잡아먹는 방식으로 사냥을 하죠. 연구진은 식물을 인이 풍부한 환경으로 옮긴 이후 새롭게 만들어진 잎에는 분비샘이 없다는 사실을 확인했답니다.

### 형제 잡아먹는 콜로라도감자잎벌레

감자를 주로 먹는 딱정벌레 일종인 '콜로라도감자잎벌레'는 태어나자마자 형제들을 잡아먹는다고 알려졌어요. 몸길이는 1㎝ 정도로 매우 작고, 노란색 몸에 굵은 갈색 줄이 세로로 나 있는 귀여운 외모의 벌레가 정말 잔인한 식성을 가진 걸까요?

콜로라도감자잎벌레는 알에서 깨어나자마자 주변에 있는 알을 먹이로 먹습니다. 하지만 먹어 치운 알들은 무수정란이에요. '무수정란'은 이름 그대로 수정되지 않은 알을 말해요. 그래서 어미가 제대로 품더라도 그 안에서 새끼가 자라지 않지요. 같이 태어난 형제 알이지만, 실제로 형제가 태어나지는 않는 알인 거예요.

콜로라도감자잎벌레는 알에서 태어난 뒤 유충 상태예요. 이 시기는 몸집이 매우 작고 연약하므로, 천적에게 노출됐을 때 쉽게 공격을 받거나 잡아먹히죠. 어미는 이를 알고 알에서 깨어난 유충이 빨리 자라도록 무수정란을 함께 낳은 거예요. 덕분에 유충은 영양 가득한 무수정란을 먹고 몸집을 키웁니다. 주로 노린재 같은 곤충들이 천적인데, 몸집이 커지면 쉽게 잡아먹지 못해요. 또 먹잇감을 찾기 위해 돌아다니지 않아도 되기 때문에 안전하게 지낼 수 있지요. 콜로라도감자잎벌레의 생태를 연구한 미국 코넬대 제니퍼 탈러 교수 연구팀은 콜로라도감자잎벌레가 천적이 있는 환경에서만 무수정란을 낳는다는 사실을 확인했답니다.

– **이윤선** 과학 칼럼니스트

> **Pop Quiz**
> 별코두더지가 세상에서 가장 빨리 먹이를 먹을 수 있게 된 이유는 무엇인가요?

## 과학/IT 23 인류세

재미있는 과학

"연간 닭 600억 마리 도축… 닭뼈, 현시대 지표 화석 될 수도"

게티이미지코리아

현시대를 홀로세가 아닌 '인류세'라 부르자는 주장이 있어요.

노벨 화학상을 받은 파울 크뤼천 박사는 2000년 지질학회에서 "우리는 홀로세가 아니라 인류세(世)에 살고 있다"고 말했어요. 인간의 활동으로 지구가 짧은 시간 동안 급격하게 변했기 때문에, 현 지질 시대를 '인류세(인류의 시대)'라 부르자고 제안한 겁니다. 인류세는 지금까지 공식적으로 쓰이던 용어가 아니었습니다. 그런데 최근 과학자들이 '인류세'를 뒷받침하는 증거를 제시하고 있어요. 빠르면 올해부터 공식적으로 이 용어가 사용될 것으로 보입니다. 인류세란 무엇일까요?

### 지표 화석을 보면 시대를 알 수 있다

인류세를 알기 위해선 먼저 지질 시대가 무엇인지 알아야 해요. 지질 시대는 과학자들이 땅에서 발견되는 특징과 화석을 바탕으로, 지구가 태어난 이후부터 현재까지를 시기별로 구분한 것을 말해요. 가장 큰 단위부터 순서대로 '누대-대-기-세-절'로 나누는데, 우리가 살고 있는 현재는 신생대 제4기 홀로세로 불러요.

지질 시대에 따라 나타나는 땅 모양이나 구성, 화석 종류가 달라요. 그중 화석은 특정 지질 시

지질 시대를 특정할 수 있게 해주는 화석을 '지표 화석'이라고 해요. 히말라야산맥에서 발견된 암모나이트 화석이 대표적입니다.

대에 살았던 몸체나 흔적이 땅속에 남아 있는 것을 말해요. 보통 뼈나 이빨이 발견되는 경우가 많습니다. 부드러운 다른 조직과 달리 단단하면서도 시간이 오래 지나도 쉽게 썩지 않기 때문이지요. 또 동물이 땅 위를 걸어 만들어진 발자국도 있고, 소나무에서 나온 수액 '송진'이 굳어져 호박이 되는 동안 모기나 꽃가루가 그 속에 갇혀 그대로 화석이 되기도 합니다.

시간이 한참 흐른 뒤 발견된 화석은 과학자들에게 일종의 '타임머신'이 됩니다. 화석을 보면 그 생물이 살았던 시대의 특징을 알 수 있거든요. 예를 들어 지층에서 공룡의 뼈나 이빨 화석이 발견되면, 과거 그 장소에 공룡이 살았다는 걸 알 수 있지요. 또 지구 환경이 어떻게 변해왔는지 이해할 수 있어요. 히말라야 산맥에서 발견된 암모나이트 화석이 대표적입니다. 암모나이트는 오랜 옛날 바다에서 살던 동물로, 조개와 비슷한 생물이에요. 이 화석을 통해 현재 지구에서 가장 높은 산이 있는 히말라야 산맥이 아주 오래전에는 바다였다는 사실을 추측할 수 있답니다. 이처럼 특정 지층에서 발견돼 지질 시대를 특정할 수 있게 해주는 화석을 '지표 화석'이라고 한답니다.

현시대는 '닭뼈'가 지표 화석이 될 거라는 주장도 있어요.

### 인류세의 지표 화석은 닭뼈?

먼 미래의 생명체가 우리가 살고 있는 현재를 화석을 통해 추측한다면, 어떤 시대라고 부를까요? 한 과학자는 지금이 '치킨의 시대'로 불릴 거라는 의견을 제시했습니다. 2018년 영국 레이터대 지질학과 캐리스 베넷 교수팀은 '닭뼈'가 지표 화석이 될 것이라고 주장했어요. 1년 동안 약 500억~600억 마리의 닭이 도축될 정도로 인류가 닭을 많이 소비하고 있기 때문이지요. 사람들이 먹고 남은 닭뼈는 쓰레기장에 모이는데, 이곳은 산소가 부족해 뼈가 잘 썩지 않고 모습이 그대로 화석처럼 남을 확률이 높다고 해요. 우리나라에서는 종종 조류인플루엔자(AI)가 발생해 닭 1,000만 마리 이상을 한꺼번에 땅에 묻기도 해요. 먼 미래에 후손이 이 닭뼈 화석 무더기를 발견한다면, 지금을 닭이 많이 살던 시대로 여길 수 있겠죠.

연구팀은 과거에 비해 닭의 크기가 눈에 띄게 달라진 점도 증거로 들었어요. 현재 우리가 식용으로 길러서 먹는 품종인 '육계'와 오래전 지구에 살았던 직계 조상 닭인 '적색야계'의 다리뼈를 비교해 본 결과, 육계가 2~3배 정도 더 크다는 사실을 알아냈습니다. 원인은 1950년대 즈음 인간이 빨리, 크게 자라는 닭 품종을 집중적으로 키웠기 때문이에요. 연구진은 육계가 오래전 닭에 비해 다리와 가슴은 훨씬 크지만 심장과 뼈는 왜소해졌고, 너무 빨리 자라느라 뼈에 구멍이 많다는 특징을 찾아냈어요. 닭의 모습이 급격하게 변화한 것도 지질 시대를 인류세로 구별하는 명확한 증거가 될 수 있겠죠.

인류세의 지표인 플루토늄은 인간 활동으로 만들어진 대표적인 물질이에요.

게티이미지코리아

### 내년 부산에서 인류세 공식화?

최근 과학자들은 인류세를 보여주는 대표 지층인 '국제표준층서구역'으로 캐나다 크로퍼드 호수를 선정했다고 밝혔어요. 또 그 증거가 되는 지표로 '플루토늄'이라는 방사성 물질을 지정했습니다.

이 과학자들은 전 세계 지질학자 30여 명으로 구성된 '인류세실무그룹(AWG)'으로, 이 모임은 2009년 만들어졌어요. 이후 세계 각국의 과학자가 제안한 인류세 후보지를 검토했지요. 호

게티이미지코리아

탄소 입자와 미세 플라스틱 또한 인류세의 특징을 나타내는 물질입니다.

주 플린더스 산호초, 남극 파머빙하의 코어 등 총 12군데였습니다.

검토 결과 크로퍼드 호수가 가장 적합하다는 결론을 내렸어요. 인류세실무그룹은 이 호수를 선정한 이유에 대해 현재 지질 시대의 특성을 나타내는 물질이 호수 바닥에 잘 보존돼 있기 때문이라고 설명했어요. 이 호수는 수심이 29m로 깊은데 면적은 작고, 동식물이 많지 않아 물질이 온전하게 쌓여 있어요.

인류세의 지표인 플루토늄은 인간 활동으로 만들어진 대표적인 물질이에요. 1940년대 후반 원자 폭탄 실험이 자주 있었고, 1945년에는 일본 히로시마에서 원자 폭탄이 터졌어요. 이로 인해 대기와 땅 등 지구 곳곳에 방사성 물질이 퍼졌죠. 미래의 지질학자는 현재 지구 지층에서 그 흔적을 확인할 수 있을 거예요. 연구진은 화석연료 발전소에서만 나오는 탄소 입자와 미세 플라스틱 또한 인류세의 특징을 나타내는 물질이라고 설명했습니다. 이 내용을 바탕으로 인류세실무그룹은 올해 8월 부산에서 열리는 국제지질학총회에 의견을 내고, '인류세'를 공식적으로 사용하자는 주장을 할 예정이랍니다.

– 이윤선 과학 칼럼니스트

## 글쓰기 생각쓰기 연습

**1** 현 지실 시대를 '인류세'라 부르자고 주장하는 배경은 무엇인가요?

**2** 인류세의 지표 화석이 '닭뼈'가 될 것이라고 주장하는 이유는 무엇인가요?

**3** 인류세의 특징을 나타내는 물질에는 어떤 것이 있나요?

정답은 QR코드를
찍어서 확인하세요!

**과학/IT 24**

미래 이슈 따라잡기

# 캡슐 형태의 우주여행용 열기구

❝ '지구뷰' 화장실까지 갖췄다… 억소리 나는 우주열기구, 내년 첫 비행 ❞

캡슐 형태의 열기구 우주선 '넵튠'

스페이스퍼스펙티브

내년에 운행될 우주여행용 열기구에서 지구를 바라보며 중력이 있는 상태로 편안하게 이용할 수 있는 '우주 화장실'이 공개됐다. 우주인들이 보통 기저귀를 사용하는 것과는 달리 일반 비행기처럼 익숙한 자세로 용변을 볼 수 있는 것이다.

22일(현지시각) 스페이스닷컴에 따르면 미국의 우주관광기업 스페이스퍼스펙티브는 내년에 첫 상업 비행을 앞두고 있는 캡슐 형태의 열기구 우주선 '넵튠'에 설치될 화장실 '우주 스파'를 공개했다. 넵튠은 밖이 내다보이는 창문이 달린 캡슐 형태로, 사방에서 지구 전망을 감상할 수 있다. 조종사 1명과 승객 8명이 탑승하며 이륙 뒤 총 비행시간은 6시간이다. 최고 고도는 32km로 국제항공연맹(FAI)이 우주 경계선으로 정한 고도 100km에는 못 미치지만, 관광객들이 특별한 훈련 없이도 쉽게 우주 비행을 할 수 있는 게 장점이다.

스페이스퍼스펙티브 측은 성명에서 "우주 비행이 6시간이라는 사실을 알고 사람들이 일관되게 하는 질문 중 하나는 화장실이 있는지 여부"라며 "편안하고 아름답게 디자인된 화장실을 마련해뒀기 때문에 우주비행사들처럼 진공 변기나 기저귀가 필요하지 않다"고 말했다. 지구와 똑같은 환경에서 화장실을 이용할 수 있는 이유는 선내에 무중력이 생기지 않기 때문이다. 보통 고도 400㎞에서 지구를 도는 국제우주정거장(ISS) 승무원들은 무중력 상태로 생활하지만, 넵튠은 지구의 중력이 영향을 미치는 32㎞ 지점까지만 올라간다.

일반적인 항공기 화장실보다 '스파'에 가까운 환경을 제공하는 것이 목표라고 한다. 이 '우주스파'에는 두 개의 창을 달아 화장실에서 지구를 바라보는 경험을 할 수 있다. 부드

스페이스퍼스펙티브가 공개한 우주선 '넵튠'의 화장실.

러움을 강조하는 색상과 디자인으로 편안함을 주고, 내부에 식물도 배치했다. 스페이스퍼스펙티브 측은 "화장실은 우주 여행자들이 고독의 순간을 즐길 수 있는 넵튠 내 유일한 공간"이라며 "그래서 휴양지 같은 느낌을 주는 것이 필수적이었다"고 밝혔다.

우주스파뿐만 아니라 세계적 수준의 음식과 음료를 제공하고, 고급 좌석, 맞춤형 헤드폰, 와이파이 등 다양한 편의시설을 갖췄다고 업체 측은 밝혔다. 이 업체는 지난 7월까지 1,600장의 티켓을 판매해 약 2억 달러(2,700억 원)의 매출을 달성했다고 발표했다. 탑승권 한 장당 가격은 12만 5,000달러(1억 6,900만 원)이다. 내년 말 첫 상업 비행을 개시할 예정이다. ●

— **이혜진** 기자
(조선일보 2023년 10월 23일)

> ✏️ 열기구 우주선 '넵튠'이 지구와 똑같은 환경에서 화장실을 이용할 수 있는 이유는 무엇인가요?

## 과학/IT 25

### 미래 이슈 따라잡기

# 본격 민간 우주시대 개막

❝ 달 가려는 민간 기업들 "큰 돈 된다"… 뭘로 벌까 봤더니 ❞

민간 기업들이 달 착륙 기술 확보에 사활을 걸고 있다.

**1** 일본 우주 기업 아이스페이스의 달 착륙선 '하쿠토-R 미션1'. **2** 미국 우주 기업 애스트로보틱의 달 착륙선 '페레그린'.

오는 26일 일본 우주 스타트업 아이스페이스가 개발한 달 착륙선 '하쿠토-R 미션1'이 달 착륙을 시도한다. 지난해 12월 미국에서 스페이스X 로켓에 실려 발사된 뒤 4개월간의 비행 끝에 목표점에 도착하는 것이다. 하쿠토-R은 이번 착륙을 통해 기술을 검증한 뒤 달에서 물과 표토를 본격적으로 채취하는 것이 목표다. 지금까지 달 착륙에 성공한 나라는 미국과 중국·러시아 세 나라뿐이었다. 특히 이전 착륙은 모두 각국 정부가 주도했다. 아이스페이스가 임무에 성공하면 처음으로 달에 착륙한 민간 기업이 되는 것이다.

민간 우주 개발 시대가 본격적으로 열리고 있다. 영국 이코노미스트에 따르면 지난해 성공한 178개 우주 궤도 진입 임무 가운데 절반 이상인 90개를 기업이 수행했다. 스페이스X가 61건으로 압도적으로 많았지만 다른 스타트업들의 도전도 급증하고 있다. 시장조사업체 노던스카이리서치는 앞으로 10년간 달에서만 70여 차례의 상업 탐사가 이뤄질 것으로 예상했다. 국제 학술지 네이처는 "민간 기업들이 달에 몰려들며 달 탐사의 새로운 장이 열릴 것"이라고 했다.

### 민간기업들 속속 달로

미국 우주기업 인튜이티브머신은 오는 6월 달 착륙선 '노바-C'를, 또 다른 우주기업 애스트로보틱은 6~7월쯤 착륙선 '페레그린'을 달에 보낼 계획이다. 2019년 민간 처음으로 달 착륙을 시도

했다 실패했던 이스라엘 스페이스IL도 2025년에 재도전한다. 한국 현대자동차그룹은 2027년 정부 연구소들과 함께 실제 달 표면 탐사가 가능한 로버를 완성할 계획이다.

민간 기업들은 달 착륙 기술 확보에 사활을 걸고 있다. 달과 지구를 안정적으로 자유롭게 오가면서 최대한 많은 물자를 옮길 수 있도록 하는 것이 1차적인 목표이다. 운송능력을 갖추면 달에 묻힌 우라늄, 티타늄, 백금족 금속 같은 희귀광물을 지구로 옮기면서 막대한 돈을 벌 수 있다는 것이 이들의 구상이다. 지구에 없는 새로운 '달 경제'가 만들어지는 셈이다. 인튜이티브머신의 노바-C는 달 남극에서 얼음을 찾을 계획이며, 아이스페이스는 달의 표토를 수집할 예정이다.

### 인프라 건설과 광물 채굴 사업으로 확대

벤처캐피털(VC) 스페이스캐피털에 따르면 달 사업으로 자금을 조달한 회사는 최소 22곳으로 지난 10년 동안 최소 7억 8,100만 달러(약 1조 원)가 달 산업에 투입됐다. 지금까지 자금의 대부분은 착륙선과 달 탐사 로봇을 개발하는 회사에 사용됐지만, 앞으로는 자원 채굴과 서식지 건설 등 다양한 비즈니스가 등장할 전망이다. 미 우주 스타트업 벤추리 아스트로랩은 1.5톤의 화물을 실을 수 있는 로버를 개발해 달 택배사업을 진행할 계획이다. 미 스타트업 론스타 데이터 홀딩스는 '달 데이터 센터' 설립을 추진하고 있다. 국제우주정거장(ISS)의 저중력 환경에서 테스트를 마쳤고, 올해 안에 1kg 미만의 초소형 서버를 달 표면에 설치할 예정이다. 록히드 마틴은 크레센트 스페이스라는 회사를 분사해 2025년부터 달 주변에 위성 네트워크를 구축하는 것이 목표다. 시장조사 기관 브라이스테크의 최고경영자(CEO) 카리사 크리스텐센은 액시오스에 "달에서 사용할 수 있는 획기적인 제품이나 서비스가 등장하면 달 산업이 더 크게 성장할 것"이라고 말했다. 모건스탠리는 우주 산업이 2040년까지 1조 달러 이상으로 급증할 수 있다고 추정한다.

- **유지한** 기자
(조선일보 2023년 4월 24일)

**Pop Quiz**

민간 기업들이 달 착륙 기술 확보에 사활을 걸고 있는 이유는 무엇인가요?

## 과학/IT 26 — 미래 이슈 따라잡기
# 감각까지 느낀다, '바이오닉 핸드'

> 뼈·신경에 연결한 '첨단 의수', 내 손처럼 동전 주워 병에 넣었다

스웨덴에 사는 50대 여성 카린은 20여 년 전 농사일을 하다가 사고로 오른 팔꿈치 하단 부분을 잃었다. 오랫동안 인공 보철물을 착용했지만 몸에 맞지 않았다. 밤에는 환상통(절단 부위에서 느끼는 통증)에 시달렸다. 절망 속에서 살던 그에게 3년 전 기회가 찾아왔다. 재활 기술 전문 연구 기관인 스웨덴 생체공학 통증 연구 센터 연구진에게 첨단 의수 '바이오닉 핸드(hand)'를 시험 착용해 보자는 제안을 받은 것이다. 오른팔 뼈에 의수를 심어 단단히 고정하고, 전극을 오른팔의 근육과 신경에 심어 의수와 연결해 원하는 대로 손가락을 움직일 수 있게 됐다. 신체 내부 골격에 전극을 심는 방식의 의수가 실제 손처럼 정상 작동한 것은 이번이 처음이다.

의수를 통해 새 삶을 얻은 카린 씨의 사연은 지난달 11일 국제 학술지 '사이언스로보틱스'에 등재된 연구 논문을 통해 알려졌다. 의수를 개발한 스웨덴 샬메르스 공대의 막스 오르티스카탈란 박사는 "카린 씨는 정상 상태의 80% 수준으로 손을 움직일 수 있을 정도로 회복했다"며 "바닥의 동전을 주워 유리병에 넣거나, 캐리어에 여행 짐을 꾸리는 일 등 대부분의 일상 업무를 주변 도움 없이 할

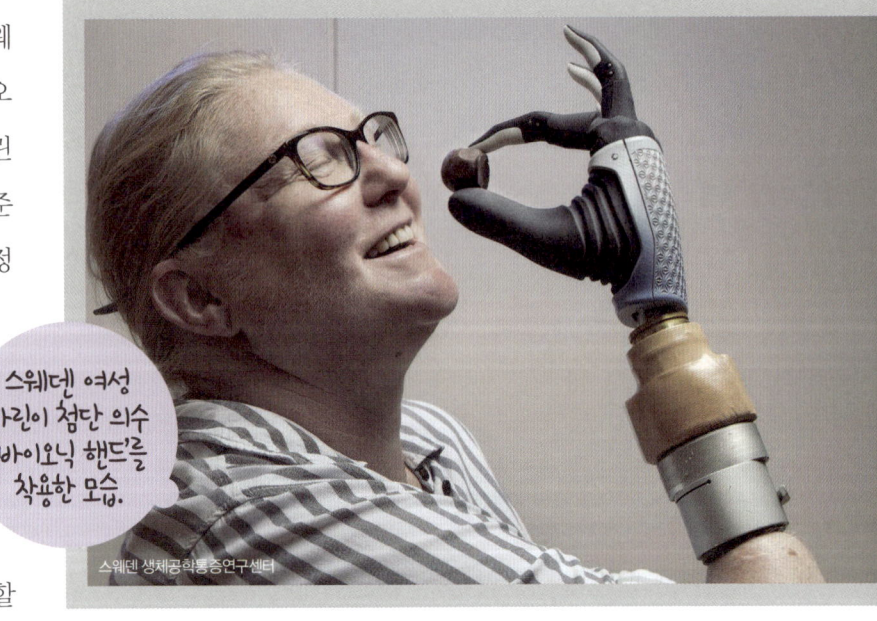

스웨덴 여성 카린이 첨단 의수 '바이오닉 핸드'를 착용한 모습.
스웨덴 생체공학통증연구센터

수 있게 됐다"고 밝혔다. 기존 로봇 의수의 한계를 뛰어넘은 이번 연구는 사고·질병으로 신체 일부를 잃은 절단 장애인들에게 희망을 줄 것으로 보인다. 한국 절단장애인협회에 따르면, 국내에서 사고로 손이나 팔을 잃고 장애를 겪는 사람은 14만 명인데 실제 손처럼 작동하는 전자 의수 보급률은 1%대에 머물고 있다.

## 정상의 80% 수준 회복

카린 씨가 착용한 의수에는 치아 임플란트 수술에 널리 사용되는 골 유착(osseointegration) 기술과 팔 근육·신경에 전극을 이식해 의수와 연결하는 기술이 적용됐다. 골 유착은 뼈에 인공물을 심어 결합하는 기술이다. 임플란트 소재를 뼈에 결합하면 뼈 세포가 그 주위에 촘촘하게 자라면서 합쳐진다. 연구진은 사람 뼈와 잘 결합하면서 강도가 높은 티타늄 나사를 환자 아래팔(전완) 뼈에 박았다. 기존 보철물은 시간이 지나면 흔들려 통증을 유발하는데 아예 뼈에 의수 기계를 장착해 몸처럼 하나로 결합한 것이다. 연구진은 또 손의 운동과 감각을 관장하는 두 가지 신경과 의수를 전극으로 연결했다. 이 전극은 뇌에서 나오는 신경 신호를 전기 신호로 바꿔 의수에 전달, 머리가 생각하는 대로 손가락이 움직이게 하는 역할을 한다. 또 물건을 잡을 때 의수에 생기는 전류 변화를 뇌에 전달해 감각을 느끼게 해준다.

연구진은 신체 절단 정도에 따라 작동 성능이 달라지는 기존 로봇 의수의 한계도 극복했다.

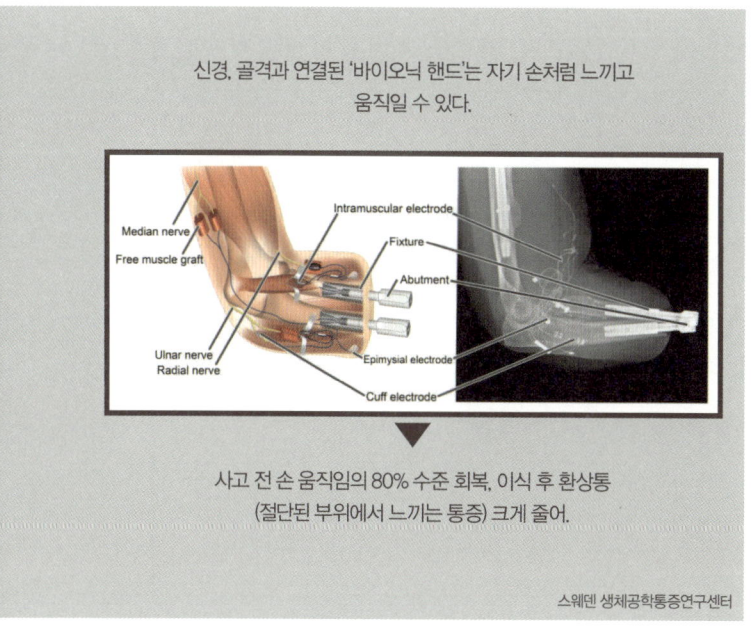

신경, 골격과 연결된 '바이오닉 핸드'는 자기 손처럼 느끼고 움직일 수 있다.

▼

사고 전 손 움직임의 80% 수준 회복, 이식 후 환상통 (절단된 부위에서 느끼는 통증) 크게 줄어.

스웨덴 생체공학통증연구센터

로봇 의수는 팔 근육의 전기 신호와 수축을 이용해 조절하는데 사고로 잃은 신체 부위가 많아 근육량이 적을 경우 손 움직임도 제한된다. 연구진은 손의 운동, 감각을 관장하는 신경의 말단을 절개해 신경 다발을 만들었다. 그리고 각 신경 다발을 허벅지 근육에서 떼낸 작은 근육 조직으로 감싸는 식으로 신경을 연장해 의수에 연결했다. 뇌에서 나오는 신경 신호가 더 많이 전달되도록 효율을 높인 것이다. 이럴 경우 사고로 남은 근육이 상대적으로 적어도 의수를 움직일 수 있다. 첨단 의수를 이식한 이후 3년의 재활 훈련을 거쳐 카린 씨는 혼자 음식을 준비하거나 옷·가방의 지퍼를 잠그는 일상 활동에 무리가 없어졌다. 카린은 "의수를 쓰기 전에는 고기 분쇄기에 손을 대는 환상통이 있었는데 이제 그런 고통에서 해방됐다"며 "진통제 복용량도 크게 줄었다"고 말했다.

### AI로 섬세한 손 동작 교정

카린 씨는 첨단 의수 장착 이후 손 움직임이 많이 개선됐지만 한계도 있다. 피아노를 치는 동작처럼 빠르고 정확하게 움직이기는 어렵다. 연구진은 더 정밀한 손 움직임을 구현하기 위해 인공지능(AI)을 활용하는 연구도 추가로 진행하고 있다. 오른팔의 여러 신경 다발에서 전달되는 뇌의 신경 신호를 AI로 분석해 손이 반응하는 속도를 높이려는 것이다. 물건을 집을 때 물체 크기와 질감을 분석하거나 평소 손 움직임 데이터를 학습해 반복되는 동작을 더 정교하게 구현할 수 있다. 연구진은 "사용자의 뼈와 근육, 신경에 직접 연결하는 생체 공학 손 기술에 AI 기술을 더하면 뇌 신호를 정확하면서도 간단한 움직임으로 변환할 수 있는 진정한 의미의 '인간·기계 융합체'를 만들 수 있을 것"이라고 밝혔다.

　국내에서도 AI 기술을 활용한 의수·의족 기술 개발이 활발하다. 한국기계연구원 의료기계연구실 이강호 선임연구원은 지난 2월 의족을 부착하는 소켓의 헐거워진 공간을 실시간 감지해 소켓 내부에 공기를 채워주는 기술을 개발했다. 연구진은 "절단 부위는 혈액 순환, 피부조직 상태에 따라 미세하게 변화하는데 이런 변화에 맞춰 자동으로 의족 소켓 내 공기 압력을 조절해 환부 통증을 완화한다"고 설명했다. ●

– **최인준** 기자
(조선일보 2023년 11월 16일)

**Pop Quiz**

인공지능(AI)은 첨단 의수의 손 움직임을 더 정밀하게 구현하기 위해 어떻게 활용되나요?

## 과학/IT 27

### 미래 이슈 따라잡기

# 전자코, 진화는 계속된다

**66** 의사도 과학자도 소방관도 될 수 있는 '전자코' **99**

'인간의 오감(五感)을 감지하는 최첨단 시스템 반도체를 개발하겠다.' 삼성전자는 지난 5일 최신 반도체 기술을 소개하는 '삼성시스템LSI테크데이' 행사에서 후각을 감지하는 반도체를 개발하겠다고 선언했다. 현재까지 사람의 오감 중 청각·시각·촉각은 구현됐지만 후각, 미각을 감지하는 칩은 개발되지 않았는데 사람처럼 냄새를 맡는 '전자코'를 구현하겠다는 것이다. 후각은 청각·시각과 달리 사람마다 느끼는 정도가 달라 디지털화하기 어려웠다. 공기 중에 특정 화학 분자가 있다는 것을 감지해도 얼마나 심각한 정도의 농도인지 해석하는 '뇌'의 역할을 구현하기 어려웠던 것이다.

하지만 최근 사람의 뇌와 신경구조를 모방하는 기술이 고도화되면서 후각을 감지하는 전자코 개발도 빨라지고 있다. 전자코는 유해가스 검출, 식품 검사 등 다양한 영역에 활용될 수 있다. 후각 감지 기능을 사람과 비슷한 수준으로 구현하는 것을 넘어 암·치매·파킨슨병 등 난치성 질환을 조기에 진단하는 연구도 상당 수준에 도달하고 있다.

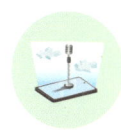

고기가 부패 시 단백질이 변형되며 생기는 화합물을 감지한다.

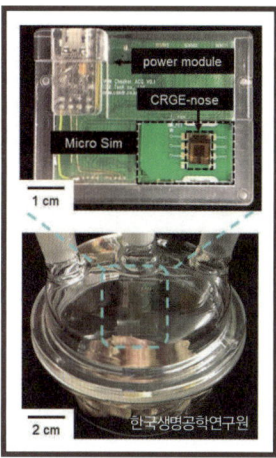

한국생명공학연구원이 개발한 육류 신선도 확인하는 휴대용 전자코.

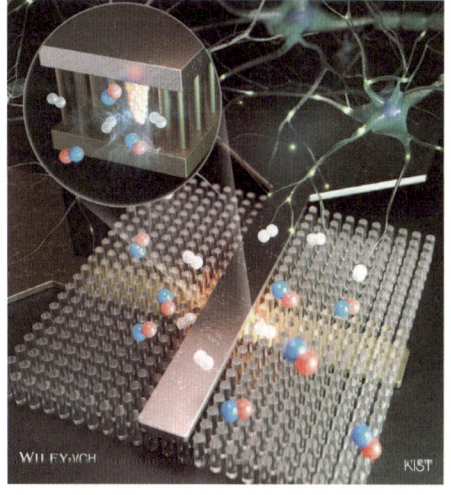

한국과학기술연구원이 '뉴로모픽 반도체' 기반해 개발한 인공 후각 소자. 정확도 92.76%로 가스 누출 감지.

## 전자코로 암·파킨슨병 진단

최근 전자코는 사람의 후각과 비슷한 수준으로까지 개발되고 있다. 미국 구글리서치 브레인팀, 후각 기술 AI 스타트업 오스모로 이뤄진 공동 연구팀은 지난 8월 "화합물 분자 구조에 따라 50만 가지 서로 다른 냄새를 분별할 수 있는 AI 프로그램을 개발했다"고 국제학술지 '사이언스'에 발표했다. 연구진은

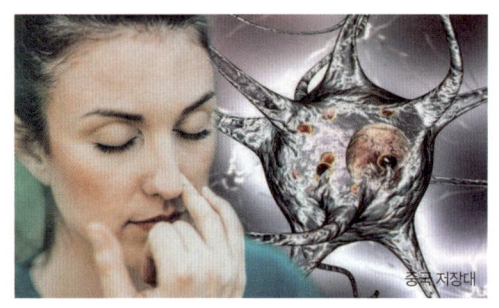

중국 저장대가 개발한 파킨슨병 진단하는 전자코. AI가 체취 분석해 정확도 79.2%까지 끌어올렸다.

물질의 성질에 따라 냄새를 나타낸 후각 지도를 제작한 뒤 머신러닝(기계학습)을 통해 후각 예측 AI 프로그램인 '스니퍼'를 훈련시켰다.

스니퍼는 인간과 비교 실험에서 높은 후각 능력을 증명했다. 15명의 피실험자에게 323개의 서로 다른 냄새를 맡게 한 뒤 스니퍼가 평가한 값과 비교해 보니 절반 이상의 사례에서 스니퍼의 값이 더 정확했다. 주택·공장에서 사람에게 피해를 줄 수 있는 유해 가스를 조기에 감지하는 기술도 나왔다. 한국과학기술연구원(KIST) 강종윤·윤정호 박사 연구팀은 지난달 국제학술지 '어드밴스드 머티리얼즈'에 "사람의 뇌·신경세포를 모방한 '뉴로모픽 반도체' 기술을 활용해 사람처럼 유해 가스 유출을 감지할 수 있는 전자 소재를 개발했다"고 발표했다. 연구진은 92.76%의 정확도로 가스 누출을 감지하는 데 성공했다.

후각을 감지하는 기술은 의학 분야에도 적용되고 있다. 사람의 호흡 성분 변화를 감지해 질병에 걸렸는지를 가려내는 것이다. 중국 저장대의 첸 싱, 류 준 교수 연구진이 지난 3월 "파킨슨병 환자에서 나오는 휘발성 화학 물질을 감지해 손발이 떨리는 증상이 나타나기 전에 조기 진단할 수 있는 AI 후각 시스템을 개발했다"고 미국화학회(ACS)가 발간하는 국제 학술지 'ACS 오메가'에 발표했다. 파킨슨병은 뇌의 신경세포가 줄어들면서 손발이 떨리는 등 운동 장애 증상이 나타나는 퇴행성 뇌질환이다. 사람마다 초기 증상이 달라 조기 진단이 어렵기 때문에 발병 초기에 잡아내면 치료를 통해 증상 악화 속도를 늦출 수 있다. 연구진은 과거 영국의 한 전직 간호사가 파킨슨병 환자 특유의 체취를 감지할 수 있다는 뉴스 기사를 보고 전자코 개발을 시작했다. 파킨슨병 환자 피부에는 지방을 분비하는 피지에 특정 유기 화합물이 많이 있다. 이 화합물들이 피부에 사는 미생물인 효모에 작용하면서 환자 특유의 체취를 만든 것이다. 연구진은 체취를 감지하는 전자코를 개발해 79.2% 정확도로 병을 진단했다. 국내에서는 광주과학기술원이 후각 자극을 통해 알츠하이머 증상을 5분 내에 구분할 수 있는 후각 감지 기술을 개발했다.

일본 소니는 특정 후각 능력 강화하는 기기 개발해 맥주 등 식품 공장에서 활용하고 있다.

### 썩은 육류 정확히 가려내

전자코는 산업 현장에서 활용도가 높을 전망이다. 한국생명공학연구원 권오석 박사는 지난해 육류의 신선도를 확인할 수 있는 휴대용 전자코를 개발했다. 고기가 상하면 표면에 있는 단백질이 변형되며 카다베린·푸트레신이라는 화합물이 발생하는데 이를 감지하는 것이다.

식품 회사에는 냄새를 전문적으로 맡는 검사 직원의 후각 능력을 키워주는 기기도 등장했다. 일본 전자 기업 소니는 지난달 사람의 후각 능력을 점검하고 능력을 유지할 수 있는 기기를 출시했다. 앱과 연동한 기기를 통해 딸기, 포도, 버터 등 40가지의 식품 냄새를 맡으면서 후각을 기를 수 있다. 예를 들어 맥주 공장에서는 효모를 발효시키면 여러 아로마 성분이 만들어지는데 사람이 이 냄새를 맡아 맥주가 잘 만들어졌는지를 확인한다. 이때 검사 직원이 작업 전에 기준이 되는 아로마 향을 맡고 난 뒤 검사에 투입하면 보다 검사 정확도를 높일 수 있다. 소니는 "특정 신경 질환이 있으면 후각 능력이 가장 먼저 떨어져 냄새를 구분하지 못하는 점을 활용해 치매 진단 기기로 발전시킬 계획"이라고 했다.

산불 방지를 위해 카메라 같은 시각 기술뿐 아니라 후각 감지 기술도 동원된다. 미국 오클랜드에선 화재 경보기처럼 연기 냄새를 감지할 수 있는 고성능 센서가 산에 배치됐다. 이 센서는 공기 중에 소량의 일산화탄소·이산화탄소·아산화질소 가스만 있어도 이를 감지해 화재 여부를 알아낸다. AI가 센서에 수집된 냄새 데이터와 주변 풍속 등을 종합 분석해 발화 지점, 규모도 예측한다.

- **최인준** 기자
(조선일보 2023년 10월 19일)

**Pop Quiz**

후각을 감지하는 전자코가 활용될 수 있는 다양한 영역을 나열해보세요.

**과학/IT 28**

미래 이슈 따라잡기

# 중국이 '초거대 눈' 만드는 이유

❝ 심해에 직경 4km 망원경… 세계 최대 망원경 건설 막바지 ❞

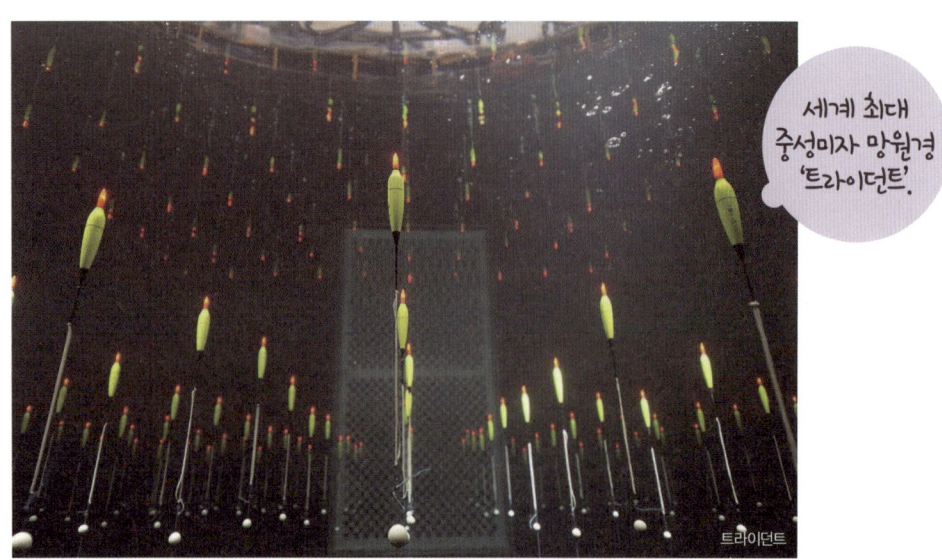

남중국해 수심 3.5km에 건설, 2030년 완공 예정.

중국이 적도 근처 남중국해에 세계에서 가장 큰 중성미자 망원경(neutrino telescope) 구축에 나섰다. 직경만 4km에 달하는 망원경은 우주에서 쏟아지는 중성미자를 감지해 우주 기원과 암흑물질의 구조 등을 둘러싼 미스터리를 풀 단서를 찾는다. 중국은 "중성미자 망원경 성능을 한계까지 밀어붙여 중성미자 관측의 새로운 경계에 도달할 것"이라고 했다.

 우주를 탐색하고 지구의 기원을 추적하는 망원경의 규모가 갈수록 커지고 있다. 망원경은 규모가 커질수록 더 많은 빛과 전파, 입자 등을 모을 수 있다. 그만큼 더 멀리, 더 자세히 볼 수 있는 것이다. 박병곤 한국천문연구원 대형망원경사업단장은 "망원경은 빛과 같은 입자를 모으는 그릇이며 그릇의 크기가 클수록 우주에서 오는 어두운 빛을 더 많이 모을 수 있는 원리"라며 "천체망원경 크기는 약 45년마다 두 배씩 커져 왔다"고 했다.

### 세계 최대 '중성미자 망원경'

중국은 지난달 바닷속 수심 3,500m 아래에 구축할 열대 심해 중성미자 망원경 '트라이던트(TRIDENT)'의 구체적인 계획을 국제학술지 '네이처 아스트로노미'에 게재했다. 트라이던트는 700m 길이의 줄 1,211개에 2만 4,000개 이상의 광학 센서 구슬이 달려 있어 작동을 시작하면 7.5㎢ 범위에 들어오는 중성미자를 감지할 수 있다. 현재 세계에서 가장 큰 중성미자 탐지기인 남극의 '아이스큐브'는 감지 영역이 1㎢다.

중성미자는 질량이 0에 가깝고 전하를 띠지 않아 다른 물질과 상호작용하지 않는다. 이 때문에 중성미자는 '유령 입자'라고도 불린다. 매 순간 약 1,000억 개 이상의 중성미자가 우리 몸을 통과하고 있지만 실제로는 알 수 없을 정도로 감지가 어렵다. 과학자들은 중성미자가 얼음이나 물 입자와 부딪히며 에너지와 빛을 발생시킨다는 점에 착안해 광학 센서를 통해 중성미자를 감지하는 방법을 찾아냈다. 이를 통해 중성미자의 발생원을 역추적해 빛이 아닌 중성미자로 우주를 관측하는 '중성미자 천문학'의 시대를 열었다. 트라이던트 연구팀은 "트라이던트를 적도 근처에 만드는 이유는 지구 자전을 이용해 지구로 오는 모든 중성미자를 사각지대 없이 감지할 수 있기 때문"이라고 했다.

육각형 거울 798개로 구성된 '유럽초대형망원경(E-ELT)'.

칠레 아카타마 사막에 건설, 2028년 완공 예정.

### 하늘을 보는 '세계 최대의 눈'

독일과 영국 등 유럽 국가들이 함께 추진하고 있는 세계 최대 크기의 광학망원경 '유럽초대형망원경(E-ELT)'도 2028년 첫 관측을 목표로 칠레 아타카마 사막에 건설되고 있다. 1.4m의 작은 육각형 거울 798개를 모아 만든 E-ELT의 주경은 직경이 약 39m에 이른다. 코로나로 인해 건설이 지연되는 등 한때 어려움을 겪었지만 현재 건설 진척도가 50%를 넘으며 순항하고 있다. 개발을 주도하고 있는 유럽남방천문대(ESO)는 "ELT는 태양계 밖에서 생명체 증거를 발견하는 최초의 망원경이 될 수 있다"면서 "ELT를 통해 우리 시대의 가장 큰 과학적 도전 과제를 해결해 나갈 것"이라고 했다.

'거대마젤란망원경(GMT)'도 제작 막바지 단계에 들어갔다. GMT는 구경 25.4m 크기의 차세

원형 반사경 7장을 벌집 모양으로 배치한 '거대마젤란망원경(GMT)'.

칠레 아카타마 사막에 건설, 2029년 완공 예정.

대 초거대망원경으로 미국과 한국 등 13개 글로벌 기관이 제작에 참여하고 있다. GMT는 지름 8.4m, 17톤 무게의 원형 반사경 7장을 벌집 모양으로 배치해 직경 25.4m의 단일 반사경과 같은 성능을 낸다. 지난 10월 마지막 일곱 번째 반사경 제작에 들어갔으며 2029년 첫 관측에 나설 수 있을 것으로 보인다.

GMT는 제임스웹 우주망원경보다 4배 더 선명한 해상도와 200배 높은 감도를 가지고 있다. 외계 행성의 대기 성분 분석부터 지구와 같은 환경의 행성을 찾는 등 인류 역사상 가장 먼 우주를 관측해 지구와 우주 탄생의 수수께끼를 밝히는 데 큰 기여를 할 것으로 기대된다. 박 단장은 "E-ELT의 크기가 더 크지만 사용되는 거울이 많고 반사로 인한 손실도 커서 GMT와 성능이 비슷할 것"이라고 했다. ●

— **황규락** 기자
(조선일보 2023년 11월 2일)

**Pop Quiz**

 현재 세계 최대 중성미자 탐지기 '아이스큐브'는 감지 영역이 1㎦입니다. 중국이 건설 중인 '트라이던트'의 감지 영역은 얼마인가요?

## 과학/IT 29

### 미래 이슈 따라잡기

# 쫓고 쫓기는 '딥페이크 전쟁'

> 딥페이크 교활해질수록 탐지기술도 정교해진다

구글에서 인공지능(AI)을 활용한 이미지·음성 합성기술 '딥페이크'를 검색하면 수십 개의 딥페이크 생성 앱과 홈페이지가 등장한다. 단순히 사진을 합성해주는 것부터 음성에 맞춰 영상 입모양까지 자연스럽게 바꿔주는 앱도 있다. 딥페이크가 처음 등장할 당시만 해도 팔의 위치가 부자연스럽거나 배경이 흐릿한 등 자세히 들여다보면 알 수 있었지만, AI 기술이 발달하면서 영상의 질적 수준은 급속도로 높아지고 있다.

최근에는 총기 규제를 옹호하기 위해 학교 총기 난사 피해자의 모습을 만들어내거나 가족을 사칭한 보이스 피싱에 활용된 사례도 등장했다. 소피 나이팅게일 영국 랭커스터대 교수는 "딥페이크로 인해 개개인이 신뢰할 수 있는 공간이 점점 줄어들고 있으며, 이는 민주주의의 실질적인 문제가 되고 있다"면서 "1~2년 안에 미국, 러시아, 유럽연합 등 주요 선거에서 큰 문제로 대두될 것"이라고 했다.

### '고양이와 쥐' 게임된 딥페이크

딥페이크로 인한 피해가 급증하면서 딥페이크를 가려내는 탐지 기술도 진화하고 있다. 글로벌 시장조사업체 마켓츠앤드마켓츠에 따르면 글로벌 딥페이크 탐지 시장은 2022년 5억 달러(약 6,770억 원)에서 2027년 18억 달러로 늘어날 전망이다. 월스트리트 저널은 "딥페이크 기술 향상과 함께 새로운 검증 방법이 개발되면서 쫓고 쫓기는 '고양이와 쥐' 게임 같은 양상이 일어나고 있다"고 했다.

딥페이크 탐지 기술 역시 AI를 활용한다. 인텔이 개발한 탐지 프로그램 '페이크캐처'는 사람 얼굴의 혈류 변화를 추적해 예상되는 얼굴색과 실제 영상을 비교해가며 실시간으로 딥페이크 유무를 분석한다. 영상을 픽셀 단위로 분석해 96%의 정확도로 영상의 진위 여부를 즉각 판단해낸다.

미국 국방고등연구계획국(DARPA)은 온라인의 딥페이크를 자동 감지하는 포렌식 알고리즘을 만드는 '세마포(SemaFor) 프로그램'을 진행하고 있다. 세마포 프로그램은 딥페이크를 생성할 때 만들어지는 'AI의 실수'를 단서로 딥페이크를 찾아낸다. 특정 알고리즘으로 생성된 얼굴에는 양쪽 귀의 귀걸이가 서로 다르게 나타나는 등 딥페이크가 가진 공통적 특징을 찾는 식이다. DARPA는 딥페이크를 쉽게 감지할 수 있게 하면, 결국 딥페이크 콘텐츠 생성 비용이 증가하면서 관련 영상이 줄어들 것으로 본다. 장기적으로는 누가, 어떻게, 왜 딥페이크를 만들었는지 추론할 수 있는 기술도 개발할 계획이다. DARPA 관계자는 "오락이나 예술을 위한 기술과 현실에 부정적인 영향을 끼치기 위해 만드는 딥페이크 영상은 분명한 차이가 있다"며 "우리 알고리즘은 악의적 목적으로 위조된 미디어를 자동 식별하는 데 초점을 맞추고 있다"고 했다.

### 진화하는 딥페이크 방지 기술

딥페이크 탐지를 넘어 위조 불가한 워터마크로 딥페이크 이미지를 구별하는 방법도 개발되고 있다. 구글 딥마인드가 지난 8월 선보인 AI 합성 이미지용 워터마크 '신스ID(SynthID)'가 대표적이다. AI 이미지 생성 플랫폼에서 만든 이미지에 육안으로 보이지 않는 워터마크를 픽셀 단위로 넣어서 해당 이미지가 실제가 아님을 식별할 수 있게 한다. 구글 외에도 메타와 오픈AI 등 주요 기업들은 미 대선을 앞두고 딥페이크 이미지에 워터마크를 심겠다고 밝힌 바 있다.

이미지의 메타데이터를 토대로 진위 여부를 구분하는 방식도 연구되고 있다. 사진을 찍은 뒤 생성되는 GPS와 타임스탬프가 합법적인 방식으로 설정된 것인지를 확인하는 식이다. 보험회사들은 이러한 방식으로 사고 사진의 진위를 평가할 수 있으며, 로이터통신은 우크라이나 전쟁 사진의 출처를 확인하기 위해 해당 기술을 시험하기도 했다.

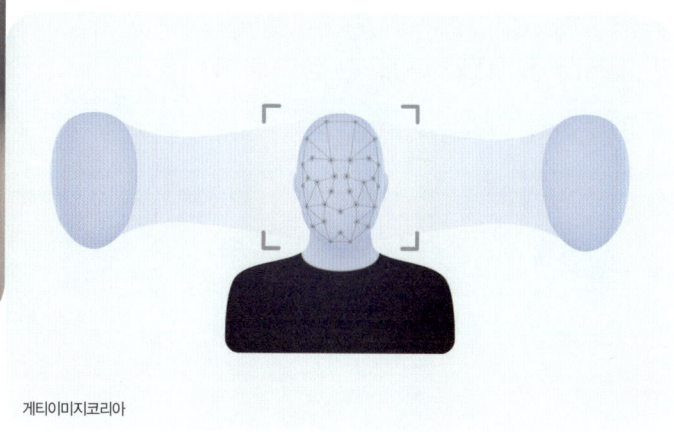
게티이미지코리아

다만 딥페이크 탐지·방지 기술은 여전히 보완해야 할 점이 많다. 딥페이크 생성 기술이 계속 발달하기 때문이다. 과학학술지 네이처는 "잘 알려진 딥페이크 생성기에 대한 탐지 성공률은 95% 이상이지만, 새로운 생성기일수록 감지 능력이 떨어질 수밖에 없다"면서 "만드는 쪽과 막는 쪽 사이의 군비 경쟁은 끊임없이 이어질 것"이라고 했다. ●

– **황규락** 기자
(조선일보 2023년 10월 17일)

## 글쓰기 생각쓰기 연습

**1** 딥페이크를 가려내는 탐지 기술도 진화하고 있어요. 기사에 소개된 탐지 프로그램 중 하나를 선택해 설명해보세요.

**2** AI 합성 이미지용 워터마크 '신스ID'가 딥페이크 이미지를 구별하는 원리는 무엇인가요?

**3** 딥페이크 탐지·방지 기술은 여전히 보완해야 할 점이 많습니다. 그 이유는 무엇인가요?

정답은 QR코드를
찍어서 확인하세요!

# 시사체크! 키워드

## 네옴시티

'서울 면적 44배' 사막에 짓는 미래 도시
650조 사업 따내려 각국 수주戰

무함마드 빈 살만 사우디아라비아 왕세자가 추진 중인 미래형 신도시 프로젝트 '네옴시티'의 윤곽이 서서히 드러나고 있습니다. 지난 10월 윤석열 대통령이 사우디 국빈 방문을 계기로 네옴시티 개발에 우리나라 대기업의 건설 기술과 역량을 총동원할 것을 밝혔기 때문입니다. 양국의 협력으로 세계적인 프로젝트가 진행되면서 네옴시티 건설은 빠르게 현실화될 전망입니다.

네옴시티는 쉽게 말해 사우디의 황무지 사막 지역인 '네옴'을 산업·주거·관광특구가 있는 신도시로 탈바꿈하는 초대형 건설 사업입니다. 사우디 경제 개발을 위해 빈 살만 왕세자가 지난 2017년부터 구상하기 시작했죠. 이 사업을 대규모 프로젝트라고 부르는 이유는 막대한 규모와 예산 때문입니다. 네옴시티는 요르단·이집트와 마주한 사우디 북서부 일대에 2만 6,500㎢ 부지로 조성될 예정인데요. 이는 서울 면적의 44배에 달하는 엄청난 규모이며, 이를 위해 약 650조 원이 투입될 예정이죠.

빈 살만 왕세자가 추진 중인 미래형 스마트 도시 '네옴시티'의 조감도입니다.

네옴시티의 전체적인 콘셉트는 '친환경 도시'입니다. 빈 살만 왕세자의 구상에 따르면, 네옴시티는 자급자족이 가능한 담수화 시설로 도시 내 식수를 공급합니다. 전기로 움직이는 인공지능(AI) 로봇이 물류와 보안, 가사노동 서비스를 담당하죠. 이 외에도 네옴시티는 더 라인(길이 170㎞ 자급자족형 직선 도시), 옥사곤(바다 위에 떠 있는 팔각형 산업단지), 트로제나(친환경 산악 관광 단지) 3개 공간으로 나뉘는데요. 특히 주거 단지인 더 라인은 건물 외벽을 거울처럼 반사되는 유리로 만들어 태양광으로 전기를 생산합니다. 내부는 AI 기술로 사계절 내내 일정한 기후가 유지되죠. 완공되면 최대 600만 명이 거주할 것으로 사우디 정부는 내다봤습니다.

사우디는 자국 내 석유를 해외로 수출하며 막대한 부를 축적, 나라 살림을 운영했습니다. 그러나 전 세계적으로 석유에 덜 의존하려는 흐름이 지속되자 빈 살만 왕세자는 네옴시티를 새로운 먹거리로 정했습니다. 완공만 되면 이곳을 찾는 관광객이 많아져 지역 경제가 활성화되고, 그만큼 일자리를 창출할 수 있으니까요.

네옴시티 완공을 기대하는 건 사우디뿐만이 아닙니다. 네옴시티 건설에 참여하기 위해 세계 각국은 수주 경쟁을 벌이고 있습니다. 대규모 프로젝트에는 많은 기술력이 동원되기에, 계약을 맺으면 사우디에 기술력을 지원하는 대가로 막대한 금전적 이득을 얻을 수 있거든요. 국내 기업 중 HD현대인프라코어는 53t(톤) 대형 굴착기 30대와 휠로더(건설기계) 50대를, 네이버는 가상현실 기술을 활용한 디지털 플랫폼을 지원하는 계약을 맺었고요. 중국·스페인·그리스 등 여러 해외 국가 또한 네옴시티의 터널, 건축 구조물, 항만 등을 짓는 계약을 맺기 위해 노력하고 있습니다. 2030년 완공을 앞둔 네옴시티, 과연 어떤 모습으로 우리 앞에 나타날까요?

– 이영규 기자

경제·경영 돋보기

## 경제/시사 30

# 엔화 가치, 33년 만에 최저 임박

> 달러당 엔화 152엔 육박 '수퍼 엔저'

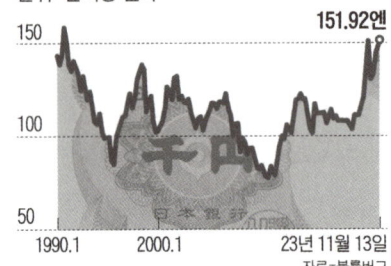

33년 만에 최저 임박한 엔화 가치
단위: 달러당 엔화

세계 3대 통화 중 하나이자 대표적 안전 자산으로 꼽히는 엔화 가치가 1달러당 152엔 수준까지 떨어져 1990년 이후 33년 만의 최저치에 근접했다. 미국 등 대부분 나라가 기준금리를 급격히 올리는 것과 대조적으로 일본은 마이너스 금리 정책을 유지하면서 외국과의 금리 차이가 벌어지고 있기 때문이다. 또 해외에 풀린 막대한 일본 투자금이 본국으로 돌아오지 않는 것도 엔저를 심화시키는 이유로 평가된다.

14일 아시아 외환시장에서 1달러당 엔화는 장중 151.7엔대에 거래됐다. 전날에는 1달러당 151.92엔 가까이 떨어져, 지난해 10월 기록한 최저 기록(1달러=151.94엔)에 육박했다. 1달러당 152엔을 뚫는다면 엔화 가치가 1990년 이후 최저 수준이 된다.

### 33년 만에 최저 수준 된 엔화 가치

스즈키 슌이치 일본 재무상은 14일 기자회견에서 "과도한 환율 변동은 바람직하지 않다는 게 기본 생각"이라며 "계속해서 만전의 대응을 해나갈 것"이라고 말했다. 앞서 지난 1일 재무성 2인자 간다 마사토 재무관도 기자들에게 "시장 개입 대기 상태"임을 강조했다.

그러나 실제 일본 외환 당국이 엔화 약세에 제동을 걸기 위해 개입에 나설지는 미지수다. 지난달 엔화가 심리적 마지노선으로 여겨지던 150엔에 닿았을 때도 일본 재무성은 외환시장에 전혀 개입하지 않았다. 일본 당국이 구두 개입만으로 엔화 가치 하락을 용인하다시피 하는 것은, 지금의 엔화 약세가 기본적으로 미국과의 금리차에 따른 구조적 이유에서 발생하고 있기 때문이다. 미국 장기채 금리는 현재 연 4.6% 수준인데 비해 일본 장기채는 연 0.8% 수준으로 큰 차이가 난다. 최근 일본 시장 금리가 꽤 오르긴 했지만, 미국이 워낙 급격히 기준금리를 올린 탓에 그 격차는 더 크게 벌어졌다. 금리가 낮은 엔화를 빌려 금리가 높은 미국 같은 나라에 투자하려는 국제적 수요가 많을 수밖에 없는 상황이다.

문제는 미국 고금리-일본 초저금리 상황이 당분간 좁혀지지 않을 것이라는 데에 있다. 미국 연방준비제도가 지금의 고금리를 당분간 유지하겠다는 입장이고, 일본은 디플레이션에서 확실히 탈출하기 전까지는 마이너스 금리를 '제로' 또는 '플러스' 영역으로 올리지 않을 것이라는 전망이 우세하다. 변정규 미즈호은행 서울지점 딜링룸 그룹장은 "연말까지 엔화 환율이 155엔 선을 터치할 가능성이 있다"고 말했다.

### '나쁜 엔저' 넘어 '슬픈 엔저'로

기존에는 엔화 약세가 일본 수출품 가격 경쟁력을 높여 일본 경제에 플러스가 된다는 견해가 많았다. 하지만 많은 일본 제조 기업이 해외 현지에 생산 시설을 갖춰놓고 있어 엔저에 따른 수출 증대 효과보다는 수입 물가 상승이 더 뚜렷하다는 분석이 나온다. 이런 측면에서 일본 현지 언론들은 최근의 엔저를 '나쁜 엔저'로 부르고 있다.

사카이 게이스케 미즈호 리서치·테크놀로지스 수석 이코노미스트는 "장점보다 단점이 큰 '나쁜 엔저'를 넘어 지금은 '슬픈 엔저'에 돌입했다"고 말했다. 해외로 나가 있는 막대한 일본의 투자금이 본국으로 귀환하지 않은 채 해외에 머물러 있는 탓에 엔저가 심화하고 있다는 것이다. 미국은 코로나 이후 경제가 강한 회복력을 보인 반면, 일본은 물가가 3%가량 올랐지만 임금 상승률이 이에 못 미쳐 소비가 여전히 살아나지 않고 있다.

— **김은정** 기자
(조선일보 2023년 11월 15일)

> **Pop Quiz**
> 미국과의 금리차와 함께 엔화 약세를 심화시키고 있는 또 다른 이유는 무엇인가요?

경제·경영 돋보기

## 한국, '0%대 성장' 늪에 빠졌다

> 올 3분기 연속 0%대… 포퓰리즘 빠져 경제 체질 개선 안 해

부산항 감만부두 야적장에 컨테이너가 가득 쌓여 있다.

／조선일보DB

 경제개발계획이 시작된 1960년대부터 60년간 세계 경제의 모범생으로 칭송받았던 한국 경제가 선진국 평균에도 못 미치는 저(低)성장이 장기화돼 열등생으로 추락할 수 있다는 위기감이 고조되고 있다.

 한국은행은 지난 3분기(7~9월) 경제성장률이 0.6%(전기 대비)를 기록했다고 26일 밝혔다. 올 1분기 0.3%, 2분기 0.6%에 이어 3분기 연속 0%대 성장이다. 한국만 놓고 보면 작년 4분기 −0.3% 역성장 쇼크에 빠진 뒤 경기 회복세를 이어가고 있는 것처럼 보인다.

 하지만 시야를 세계로 돌리면 얘기가 달라진다. 이날 발표된 미국 3분기 성장률은 1.2%(연간으로 환산하면 4.9%)로 한국의 2배였다. 우리나라 올해 연간 성장률은 1.4%로 예상된다. 선진국 클럽인 OECD(경제협력개발기구) 회원국들의 평균(3%)보다도 낮다. 올해만 그런 것이 아니다. 한국은 작년과 재작년에도 OECD 평균에 미달했다. 1961년부터 2020년까지 60년간 우리나라 성장률이 OECD 평균을 밑돈 해는 경제개발 초기였던 1962년과 2차 오일 쇼크를 겪었던 1980년, 외환 위기였던 1998년 등 단 3차례뿐이었다.

6·25전쟁 이후 세계 최빈국이었던 한국 경제는 1961년부터 1990년까지 30년간 연평균 10% 가량의 고도성장을 했다. 외환 위기를 겪었던 1990년대에도 연평균 7%대의 성장률로 OECD 평균(2.78%)을 압도했다. 하지만 2001~2010년과 2011~2020년 성장률은 각각 4%대와 2%대로 주저앉았고, 급기야 2021년부터 3년 연속으로 선진국 평균에 미달하는 저성장의 늪에 빠진 것이다.

성장률 하락에는 미·중 갈등과 글로벌 공급망 재편처럼 한국이 통제할 수 없는 대외 변수의 영향도 있다. 하지만 전문가들은 2000년대 들어 역대 정부가 포퓰리즘에 빠져 경제 체질 개선에 필요한 구조 개혁을 소홀히 한 결과가 저성장 위기를 가속화시켰다고 입을 모은다. 소득 주도 성장 같은 포퓰리즘 정책은 단기적으로는 경제에 큰 영향이 없는 것 같지만, 장기적으로 경제를 망가뜨리기 때문이다. 독일 킬 경제연구소 마누엘 푼케 박사 연구팀은 최근 '포퓰리스트 지도자와 경제'라는 논문에서 1900년부터 2020년까지 28국 72명의 포퓰리스트 지도자가 경제에 미친 영향을 분석했다. 포퓰리스트 집권 후 2년간은 경제 성과에 차이가 없었지만, 15년 뒤에는 1인당 국내총생산이 10% 덜 성장하고 국가 채무 비율도 급증한 것으로 나타났다.●

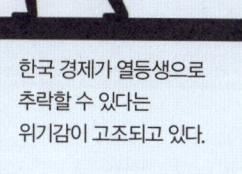

한국 경제가 열등생으로 추락할 수 있다는 위기감이 고조되고 있다.

게티이미지코리아

― **나지홍** 경제부장
(조선일보 2023년 10월 27일)

**Pop Quiz**
전문가들이 한국의 저성장 위기를 가속화시킨 원인으로 주목하는 것은 무엇인가요?

## 경제/시사 32

### 경제·경영 돋보기

# 中, '나 홀로 디플레' 걱정

> 수출도 6개월째 마이너스… 中 정부, 대규모 경기 부양책

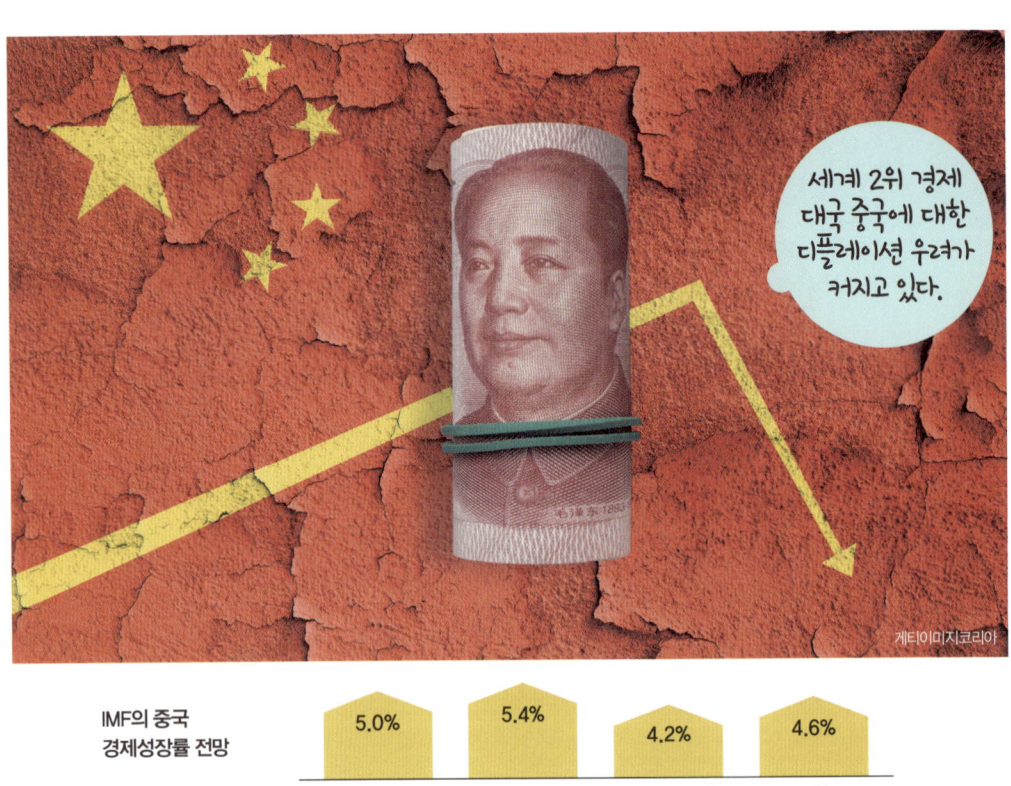

세계 2위 경제 대국 중국에 대한 디플레이션 우려가 커지고 있다.

IMF의 중국 경제성장률 전망
자료 = IMF(국제통화기금)

| 2023년 10월 | 11월 | 2024년 10월 | 11월 |
|---|---|---|---|
| 5.0% | 5.4% | 4.2% | 4.6% |

중국의 10월 소비자물가 상승률이 지난 7월 이후 석 달 만에 다시 마이너스(-)로 떨어졌다. 미국과 유럽, 한국, 일본 등 주요국들은 여전히 인플레이션 걱정 중이다. 그런데 이와 달리 중국은 올 들어 물가상승률이 내내 0%대나 마이너스에서 벗어나지 못하면서 디플레이션(물가 하락과 경기 침체가 동반하는 것) 우려가 컸다. 수출이 부진한 상황에서 내수의 바로미터인 소비자물가마저 좀처럼 반등하지 않으면서 세계 2위 경제 대국에 대한 우려가 다시 커지고 있다.

### 나 홀로 디플레 걱정하는 中

9일 중국 국가통계국은 10월 소비자물가가 작년 같은 기간 대비 0.2% 하락했다고 밝혔다. 이는 블룸버그와 로이터 등이 집계한 전문가 전망치(-0.1%)를 밑도는 것이다. 지난 7월에도 중국 물가는 -0.3%를 기록했는데, 8월(0.1%)과 9월(0.0%)에 마이너스 탈출을 시도하는 듯하다가 도로 주저앉았다.

국가통계국은 "돼지고기 가격이 30.1% 급락하는 등 식품 가격 하락이 주요 원인"이라고 설명했다. 식품 가격이 전년 대비 4.0% 떨어져 전체 물가를 끌어내렸다는 것이다. 작년엔 코로나 방역 조치 강화로 돼지고기 사재기 수요가 크게 늘면서 가격이 급등했는데, 올해 가격이 안정되면서 물가가 내려갔다는 것이다. 식품과 에너지 품목을 제외한 근원소비자물가는 0.6% 올랐다. 시장에선 올해 중국 소비자물가가 연간 0.5% 오르는 데 그칠 걸로 예상하고 있다. 당국의 물가 상승 목표(3.0%)와는 큰 차이가 난다.

시차를 두고 소비자물가에 반영되는 생산자물가는 지난달 -2.6%를 기록, 작년 10월 이후 13개월째 마이너스다. 블룸버그통신은 "중국 인민은행이 '여름이 지나면 물가가 반등할 것'이라고 봤지만, 너무 낙관적인 전망이었다"고 분석했다.

### 부동산이 살아야 소비가 사는데…

중국 소비가 살아나지 않는 배경엔 부동산 문제가 있다. 중국 중산층 자산의 70%가 주택에 묶여 있는 상황에서 집값 하락이 소비심리를 냉각시키고 있는 것이다. 중국 100대 도시 집값은 지난 2021년 8월 고점 대비 현재 18%가량 하락한 수준이다. 중국 대형 부동산 개발업체 비구이 위안(碧桂園·컨트리가든)은 해외 채권 이자를 갚지 못하며 결국 지난달 말 디폴트(채무불이행)에 빠졌다. 한국은행은 "이번 부동산 경기 침체는 과거 하강기(2008년, 2014~2015년)에 비해 그 폭이 클 뿐만 아니라 장기간 지속되고 있다"고 분석했다.

중국 경제의 핵심 엔진인 수출도 소비 부진을 만회하지 못하는 상황이다. 중국 수출은 지난 5월부터 10월까지 6개월 연속 마이너스다. 이틀 전 나온 10월 수출 통계가 예상보다 두 배가량 나쁜 -6.4%로 나오면서, 중동 전쟁으로 급등했던 국제유가마저 큰 폭으로 꺾였다. 원유 최대 소비국의 경기침체 냄새를 맡은 투자자들이 글로벌 시장에

> 중국 소비가 살아나지 않는 배경엔 부동산 문제가 있다.

게티이미지코리아

서 원유 선물을 내던진 것이다. 뉴욕상품거래소에서 8일(현지 시각) 서부텍사스유(WTI) 가격이 전날 4.26% 급락한 데 이어 이날은 2.63% 하락한 배럴당 75.33달러에 마감했는데 그 배경엔 중국 경기 위축 우려도 있다는 분석이다.

## 돈 푸는 중국 정부… 약발 통할까

시진핑 정부는 더 이상의 실속(失速)을 막기 위해 돈을 쏟아붓기 시작했다. 지난달 24일 전국인민대표대회(전인대) 상무위원회는 국가 재정 적자 규모를 종전 국내총생산(GDP) 대비 3.0%에서 3.8%로 확대하고, 올 4분기 중 1조 위안(약 180조 원) 규모의 추경 국채를 추가로 발행하기로 했다. 시진핑 주석은 이날 취임 후 10년 만에 처음으로 중앙은행인 중국인민은행을 방문해 경기 부양 의지를 드러내기도 했다.

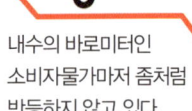

내수의 바로미터인 소비자물가마저 좀처럼 반등하지 않고 있다.

부동산 부양책도 줄줄이 내놓고 있다. 광저우·선전 같은 대도시도 주택담보대출을 받은 적이 있는 무주택자에게 생애 최초 주택담보대출처럼 계약금과 이자 우대 혜택을 주기로 했다. 주택담보대출 금리를 인하하고 주택 구매 계약금(선수금) 비율을 낮추는 대책도 꺼냈다.

중국 정부의 강한 부양 의지를 반영해 IMF(국제통화기금)는 지난 7일 중국의 올해 경제성장률 전망치를 한 달 만에 5.0%에서 5.4%로 높였다. 기타 고피나스 IMF 부총재는 성명에서 "중국이 부동산 시장을 지원하기 위해 수많은 조치를 도입했다"며 "더 빠른 회복을 위해선 더 많은 조치가 필요하다"고 강조했다. IMF는 총 9조 달러(약 1경 1,800조 원)에 달하는 부채를 진 것으로 추정돼 경기부양 걸림돌로 작용하고 있는 지방정부 자금조달 특수법인(LGFV) 구조조정을 선결 과제로 꼽았다.

— **김은정** 기자
(조선일보 2023년 11월 10일)

**Pop Quiz**
물가 하락과 경기 침체가 동반하는 경제 현상을 무엇이라고 하나요?

## 경제·경영 돋보기

# 주가 떨어지면 "공매도 탓"

❝ 공매도, 왜 한국서만 '악마화'됐나 ❞

공매도는 400년 전 고안했을 때부터 개인 투자자에겐 '공공의 적'으로 지목돼 왔다.

유례없는 공매도 '기습 전면 금지'로 6일 폭등했던 주가지수가 하루 만인 7일 도로 주저앉자 국내 개인 투자자들은 큰 혼란에 빠졌다. 주가 하락의 원흉으로 지목했던 공매도만 막으면 내 주식이 꽃길만 걸을 줄 알았는데, 약발이 하루 만에 소진돼 버린 모양새여서 크게 실망한 것이다.

공매도는 400여 년 전 네덜란드 동인도회사 주주 아이작 르 마이어가 처음 고안했을 때부터 개인 투자자들에겐 '공공의 적'으로 지목돼 왔다. 천재 과학자 아이작 뉴턴조차 1720년 '남해주식회사(The South Sea Company)'라는 기업에 투자했다가 공매도 세력에 당해 전 재산을 날린 것은 유명한 일화다.

코로나 팬데믹 초기였던 2020년 많은 국가가 공매도를 금지했다가 해제했다. 그런데 한국만은 최근까지도 소형 종목에 대해 금지를 이어왔다. 최근에는 급기야 금융 위기 상황이 아닌데도 공매도 전면 금지가 단행됐다. 전문가들은 국내 증시 거래액의 64%를 개미들이 차지할 정도로 개인 비중이 세계 최고 수준인 한국 증시만의 독특한 특수성이 이례적 결과를 불러왔다고 보고 있다.

## 공매도, 한국서 특히 '악마화'된 이유는

개인 투자자 사이에서 공매도가 크게 이슈화된 것은 10년 전인 2013년 '셀트리온 사태' 때부터다. 당시 코스닥 시가총액 1위이던 셀트리온 주가가 이틀 새 27% 급락하자, 서정진 회장이 "공매도 때문에 못 살겠다. 회사를 외국 기업에 팔겠다"고 선언했다. 당시 해외 기관들이 이 회사의 임상 실패설, 분식회계 의혹 등을 제기하면서 뒤로는 공매도로 큰 수익을 얻었다는 의혹이 일었다. 분노한 '셀트 개미'들이 세를 규합해 공매도 반대 목소리를 내기 시작했다. 올 들어서는 에코프로 등 이차전지 종목들에서 개인과 공매도 투자자 간의 대결이 벌어졌다.

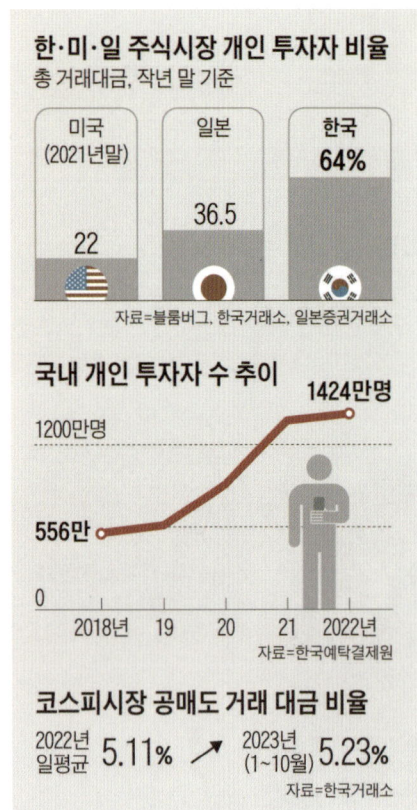

공매도 '기습 전면 금지'로 폭등했던 주가지수가 하루 만에 도로 주저앉자 개인 투자자들은 큰 혼란에 빠졌다.

우리나라 증시 하루 거래 대금에서 공매도 거래가 차지하는 비율은 많아야 6% 수준으로, 40%대에 달하는 미국이나 일본 등 선진 자본시장보다 훨씬 낮다. 공매도 거래가 외국보다 활발하지 않은데도 개인들이 공매도를 표적으로 삼는 것은 국내 증시에서 개미들이 차지하는 '파워'가 날로 커지고 있기 때문이다.

한국예탁결제원에 따르면, 최근 5년 새 증시 개인 투자자는 502만 명에서 1,424만 명으로 3배 가까이로 급증했다. 코로나 이전만 해도 개인은 500만~600만 명 수준이었는데 코로나 팬데믹과 함께 폭증해 지난해 1,400만 명을 돌파했다. 개인 투자자가 많아진다는 건 시장의 성격 자체가 바뀐다는 의미이기도 하다. 시장의 쏠림이 심해져 거품이 끼는 등 가격 효율성이 떨어질 수 있다는 것이다. 실제 자본시장연구원이 개인 투자자가 폭증했던 2020년 3~10월 사이 20만 개인의 투자 패턴과 수익률을 분석한 결과, 개인들에게선 기관과 달리 '과잉 확신(실제보다 과장해 확신하는 경향)' '복권형 주식 선호' 같은 비합리적 투자 행태가 짙게 나타났다. 익명을 요구한 증시 전문가는 "주가가 오를 것으로 잔뜩 기대하는 개인 투자자들과 주가 상승에 찬물을 끼얹는 공매도는 태생적으로 궁합이 맞지 않는다"고 말했다.

### 개인들의 공매도 참여는 신중해야

일부 개인 투자자들은 공매도 투자가 외국인·기관에게 유리한 '기울어진 운동장'이라며 개선을 요구하고 있다. 개인들이 공매도 목적으로 주식을 빌릴 때 외국인·기관에 비해 높은 담보를 요구받고, 갚아야 하는 기간도 짧다는 것이다. 금융 당국은 공매도 금지 기간에 개인에게 불리한 제도를 개선한다는 입장이다. 하지만 제도가 손질돼도 개인들이 공매도에 적극적으로 나설 수 있을지는 미지수다. 주가 하락에 베팅하는 공매도는 원래 자본력과 전문성을 갖춘 기관 투자자들의 영역이다. 우리나라뿐 아니라 금융선진국에서도 개인들의 공매도 투자는 권장하지 않는다. 주식 투자는 주가가 떨어져도 하락폭만큼만 손해를 보지만, 공매도는 최악의 경우 원금 이상의 손실을 볼 수 있는 고위험 투자이기 때문이다.

게티이미지코리아

이효섭 자본시장연구원 금융산업실장은 "주가 하락에 베팅하려면 기업에 대한 고도의 분석 능력이 필요하지만, 개인은 기관보다 그런 능력이 부족하다"며 "설령 개인들에게 기관처럼 똑같이 공매도할 수 있는 자격을 부여한다 해도 헤지(위험 회피) 목적의 공매도가 대부분인 기관들처럼 안정적 수익을 올리기 어려울 것"이라고 말했다. ●

— **김은정·김지섭** 기자
(조선일보 2023년 11월 8일)

**Pop Quiz**
✏️ 금융선진국에서도 개인들의 공매도 투자를 권장하지 않는 이유는 무엇인가요?

## 경제/시사 34

### 다이내믹 프라이싱 확산

경제·경영 돋보기

❝ 定價 이젠 없어요… 데이터 돌려 가격표 10분마다 바꿉니다 ❞

이탈리아 음식을 파는 미국의 식당 체인 '피아다'는 작년 6월 새로운 가격제를 도입했다. 앱으로 배달을 주문하는 고객 대상으로 같은 음식이라도 손님이 몰리는 시간대엔 가격을 인상하고, 반대로 한가한 시간대엔 가격을 낮게 적용한다. 달라지는 음식값은 평소 고객들의 주문 패턴을 분석하는 인공지능(AI) 기반 소프트웨어가 제안하는 가격을 참고해 결정한다. 이 회사는 이렇게 '음식값 변동제'를 시행한 이후 배달 쪽에서 마진이 두 배로 늘었다.

IT 발전으로 수많은 데이터를 분석해 상황별로 최적 가격을 매길 수 있다. /게티이미지코리아

피아다처럼 시장 상황에 따라 가격을 탄력적으로 자주 바꾸는 판매 방식을 '다이내믹 프라이싱(dynamic pricing·유동 가격제)'이라고 부른다. 예전엔 성수기·비성수기를 구분하는 항공·호텔 업계에서 주로 썼지만 최근엔 유통, 외식, 공연 업계까지 폭넓게 다이내믹 프라이싱 전략을 도입하고 있다. IT 발전으로 판매에 영향을 미치는 수많은 데이터를 쉽게 분석할 수 있게 돼 상황별로 최적 가격을 매길 수 있게 됐기 때문이다.

다이내믹 프라이싱이 확산되면서 정가(定價) 개념이 흔들리고 있다. 기업으로서는 수익성 개선에 도움이 되지만, 소비자 중에서는 '가격 인상 꼼수'로 받아들이는 경우도 있어 논란이 벌어지기도 한다.

### 10분에 한 번씩 가격 바꾸는 아마존

다이내믹 프라이싱은 전자상거래 업종에서 가장 애용한다. 다양한 온라인 데이터를 분석해 알고리즘을 만들고 실시간으로 가격을 바꿀 수 있기 때문이다. 세계 최대 전자상거래 업체 아마존은 다이내믹 프라이싱 전략의 대표 주자다. 파이낸셜타임스는 "아마존은 실시간 자료 수백만 건을 활용해 수요 변화와 경쟁 업체 가격을 파악하고 평균 10분에 한 번씩 제품 가격을 변경한다"고 했다. 국내에선 쿠팡이 비슷한 전략을 쓰고 있다. 쿠팡의 가격 변동을 추적해 보여주는 애플리케이션이 나왔을 정도다.

세계 최대 전자상거래 업체 아마존은 다이내믹 프라이싱 전략의 대표 주자다.

최근엔 오프라인 유통 업체로도 다이내믹 프라이싱이 확산하는 추세다. 화면으로 표시하는 전자 가격표가 등장하면서 가격 바꾸기가 훨씬 쉬워졌기 때문이다. 일본 대형 가전 유통 업체인 노지마는 2019년 모든 매장의 상품 표시 장치를 원격 조정이 가능한 디지털 액정으로 교체하고 다이내믹 프라이싱 전략을 도입했다. 매출·재고 상황, 경쟁사 가격 등을 분석해 액정에 표시되는 가격표에 반영한다. 월마트 역시 내년까지 500여 매장에 전자 가격표를 도입할 예정이다.

외식 업계도 마찬가지다. 미국 식당 체인 누들앤컴퍼니는 올해 말까지 모든 매장에 디지털 메뉴판을 설치해 음식 값을 바꾸는 전략을 테스트할 예정이다. 요즘엔 공연 티켓이나 택시 가격도 수요에 따라 변동한다. 미국 티켓 판매 플랫폼 티켓마스터는 일부 공연 좌석을 수요에 따라 실시간으로 가격이 바뀌는 '플래티넘 좌석'으로 판다. 우버는 교통 흐름을 파악해 승객이 많이 몰리는 지역의 요금을 올린다.

### 음식 값도 시간대별로 달라진다

다이내믹 프라이싱 전략을 가동하려면 데이터 분석 기술이 뒷받침돼야 한다. 그래서 관련 소프트웨어 회사가 속속 생기고 있다. 이스라엘에 본사를 둔 퀴리자드는 이케아·세포라 등에 다이내믹 프라이싱용 소프트웨어를 제공한다. 매출 목표, 수요, 경쟁사 가격 등을 분석해 최적 가격을 제안한다.

우버는 교통 흐름을 파악해 승객이 많이 몰리는 지역의 요금을 올린다.

역시 이스라엘에 기반을 둔 스타트업 웨이스트리스는 변동 가격제로 신선식품 손실을 줄이는 데 집중한다. 예컨대 회사 고객사 중 한 곳인 네덜란드 식료품 매장 호오흐플리트(Hoogvliet)는 작년 말부터 구매 패턴, 유통기한, 실시간 재고 같은 데이터를 분석해 신선식품 매대의 디지털 가격표를 조정하고 있다. 이를 통해 폐기되는 제품을 줄이고 매출을 끌어올릴 수 있을 것으로 예상하고 있다.

외식업계용 소프트웨어도 이미 가동 중이다. 미국 푸드테크 스타트업 '소스(Sauce)'는 식당의 주문 데이터를 기반으로 시간대별로 다양한 가격을 책정해준다. 회사에 따르면 한 샌드위치 체인은 소스 소프트웨어를 이용해 가장 한가한 시간대엔 가격을 5% 할인하고 가장 바쁜 시간대에는 10~20% 인상했다. 시범 기간 3개월 동안 주문량은 7%, 매출은 12% 증가했다.

MIT 연구진은 항공사가 구매 시점 같은 단순 정보만 반영했던 종전 가격 전략 대신 수요, 지불 의향 등을 포함하는 다이내믹 프라이싱을 구현하면 매출이 1~4% 증가한다고 했다. 연구진은 "가격에 민감한 여행자의

신규 예약을 늘리는 동시에 가격 탄력성이 낮은 여행자가 더 높은 가격으로 구매하도록 유도해 항공사 수익을 늘릴 수 있었다"고 했다.

### 가격 급등하면 반발 부르기도

소비자들은 대개 다이내믹 프라이싱을 반기지 않는다. 가격이 낮아질 때보다 높아질 때 더 민감하기 때문이다. 소프트웨어 평가 업체 캡테라가 올 초 미국 소비자 900여 명을 대상으로 식당의 다이내믹 프라이싱 전략에 대해 물은 결과, 응답자의 52%가 '가격 폭리 같다'고 답했다.

실제 다이내믹 프라이싱으로 가격이 급등하는 일이 자주 벌어진다. 예컨대 올해 미국 뉴욕에서 열린 가수 드레이크 공연은 일반 티켓 가격은 원래 70~330달러로 책정돼 있었지만, 티켓마스터가 판매한 플래티넘 좌석 가격은 1,200달러까지 치솟았다. 비싼 돈을 주고서라도 공연에 가고 싶어 하는 팬이 많기 때문이다. 우버는 지난 2017년 6월 영국 런던에서 테러가 발생했을 때 실시간으로 요금을 올렸다가 비윤리적 기업이라는 비난을 받았다. 테러 발생 직후 해당 지역을 떠나려는 이용자가 급증하자 알고리즘이 자동으로 요금을 올린 것이다.

가격이 널뛰다 보니 정부가 개입을 시도하는 일도 생겼다. 이탈리아 정부는 엔데믹발 여행 수요 폭발로 항공권 가격이 급등하자 지난 8월 일부 국내선을 대상으로 성수기 요금을 평소 요금의 2배 이내로 제한하는 일종의 가격 상한제를 실시하겠다고 발표했다. 항공사들의 반발이 거세 철회하긴 했지만, 약간 더 느슨한 방식으로 규제하는 수정안을 검토하고 있다.

이은희 인하대 소비자학과 교수는 "가격이 너무 자주 바뀌면 소비자로선 적정한 가격에 산 것인지 계속 의심할 수밖에 없다"며 "가격 변동 범위가 너무 넓지 않도록 알고리즘을 만들고 언제 싸게 살 수 있는지 등의 정보를 투명하게 제공해 소비자 선택 폭을 넓혀줘야 한다"고 말했다.

– **성유진** 기자
(조선일보 2023년 10월 26일)

**Pop Quiz**

'다이내믹 프라이싱'의 개념을 정의해보세요.

경제·경영 돋보기

## CEO들 '지정학 과외' 받는다

❝ 툭하면 전쟁에 무역마찰… 컨설팅사 '지정학 전략' 도와주고 돈벌이 ❞

지정학적 긴장이 경영 환경을 흔들고 있다.

게티이미지코리아

　재러드 코언(42)은 국제 정치 무대에서 현장 경험을 20대 시절부터 쌓은 인물이다. 조지 W 부시 대통령 시절 콘돌리자 라이스 국무장관의 자문관으로 발탁됐고, 정권 교체로 국무장관이 힐러리 클린턴으로 바뀐 이후에도 같은 자리를 지켰다. 민간으로 나온 코언은 구글의 사내 싱크탱크인 '구글 아이디어(Google Ideas)' 소장으로 일하며 대외 협력 업무를 맡더니 최근에는 골드만삭스에 영입됐다. 골드만삭스가 코언을 끌어당긴 이유는 경험과 인맥이 풍부한 그를 앞세워 본격적으로 '지정학 컨설팅' 사업에 뛰어들려는 것이다.

　미·중 무역 전쟁, 러시아의 우크라이나 침공, 하마스와 이스라엘의 전쟁까지 지정학적 요인이 글로벌 비즈니스에 영향을 미치는 현상이 두드러지면서 다국적 기업에서 '지정학 전략(geostrategy)'이 중요한 경영상 변수로 떠올랐다. 외부 변수에 대응하기 위해 글로벌 기업들이 국제 정치에 밝은 거물을 영입하고 있고, 주요 컨설팅 업체들은 지정학적 변수의 피해를 줄이는 요령을 귀띔하는 사업을 확대하고 있다. 영국 주간지 이코노미스트는 "오랫동안 비밀스러운 '틈새시장'으로 존재했던 '지정학 자문'이 경영 컨설팅의 주류 영역으로 진입했다"고 했다.

### 사장님은 국제 정치 과외 중

기업 CEO나 고위 임원에게 '지정학 과외 선생님'으로 활동하는 컨설팅사 브레인은 대개 국제 정치를 경험한 전관(前官) 전문가다. 올해 영국계 글로벌 자문 회사 브런즈윅은 로버트 졸릭 전 세계은행 총재와 파스칼 라미 전 EU 통상 담당 집행위원이라는 두 거물을 영입했다.

골드만삭스에 합류한 재러드 코언은 "2020년대는 모든 것이 지정학적"이라고 말한다. 이전에도 골드만삭스는 정·관계 빅샷들을 영입한 전례가 있다. 파이낸셜타임스(FT)는 "리시 수낙 영국 총리, 헨리 폴슨 전 미국 재무장관, 맬컴 턴불 전 호주 총리 같은 거물이 거쳐간 곳이 골드만삭스"라며 "그래서 별명이 '거번먼트(Government·정부) 삭스'"라고 했다.

골드만삭스가 전직 유명 관료들을 영입하며 본격적으로 '지정학 컨설팅' 사업에 뛰어들고 있다.

게티이미지코리아

거물을 영입한 컨설팅사는 외국 정부나 국제기구의 정책 또는 규제의 의도와 배경을 일러주며 기업들의 미래 불확실성을 줄여준다. 기업이 신흥국에 진출할 때 정치나 외교상 걸림돌이 없는지 미리 점검하는 역할도 해준다. 미국 로비 기업 맥라티 어소시에이츠의 리 파인스타인 회장은 "많은 고객사가 현장에 실제로 있었던 사람들의 조언을 소중히 여긴다"며 "컨설팅 업체마다 은퇴한 정치인과 유명 정부 관료들로 가득 차 있다"고 했다.

지정학 컨설팅 '수업료'는 비쌀 수밖에 없다. 영국 헤드헌팅 업체 오거스 번슨 관계자는 "전직 대사, 국방·안보 고위 관료 출신은 지정학 컨설팅으로 시간당 수수료 2,000~5,000파운드(320

만~800만 원)를 청구한다"고 FT에 밝혔다.

컨설팅사뿐 아니라 로펌들도 전직 외교관을 대거 영입하고 있다. 글로벌 거대 로펌 덴튼스는 지정학 자문을 전담하는 '덴튼스 글로벌 어드바이저스'라는 회사를 별도로 두고 있는데, 미 국무부에서 30년 이상 근무한 대사 출신 관료가 즐비하다. 러시아 대사를 지낸 존 설리번 전 국무부 부장관은 최근 시카고에 본부가 있는 거대 로펌 메이어 브라운에 자리를 잡았다.

마이크로소프트(MS)는 UN 관계를 전담하는 임원을 둘 정도로 지정학 대응팀을 키우고 있다.

### 최고지정학책임자 등장한 日

직접 고위 관료를 채용해 세계 정치의 지형을 읽어주는 책사로 활용하는 기업도 늘어나고 있다. 올해 스티븐 러브그로브 전 영국 국가안보좌관을 영입한 미국 투자은행(IB) 라자드가 그런 사례다. 헤지펀드의 대부 조지 소로스가 설립한 오픈소사이어티재단 관계자는 "다국적 기업의 임원용 코너 사무실에는 CEO에게 조언을 할 전직 외교관이 항상 있었다"고 했다.

요즘은 빅테크 기업들이 국제 정치 변화에 민감하게 반응하며 다양한 대응 방안을 내놓고 있다. 반도체·AI, 양자 컴퓨팅 같은 첨단 기술 분야에서 주요국끼리 패권 전쟁이 격화되고 있기 때문이다. 마이크로소프트(MS)는 2020년 뉴욕 유엔(UN) 본부에 현장 사무소를 만들어 놓고 꾸준히 정보를 수집하고 있다. MS는 UN 관계를 전담하는 임원을 둘 정도로 지정학 대응팀을 키우고 있다.

요즘은 일본 기업들도 분주하게 세계 정세 변화에 안테나를 세우고 있다. 히타치·산토리·미쓰비시UFJ은행 등이 최근 3년 사이 전직 외교관, 국제 관계 전문가, 해외 특파원 출신 언론인을 잇따라 영입한 기업들이다. 그중 히타치와 산토리는 외교관을 영입해 '최고지정학책임자(CGO)'라는 직책을 신설했다. 미쓰비시그룹은 사장급 고위 인사가 좌장인 '글로벌 정보 위원회'를 구성해 글로벌 신기술 동향을 주기적으로 점검한다. 미쓰비시케미컬은 '최고공급망책임자

(CSO)'라는 직책을 만들어 외부 변수를 담당하는 역할을 맡겼다.

### CEO 97% "지정학 위험으로 사업 차질"

기업들이 외부 동향에 적극적으로 대응하는 이유는 지정학적 변수가 실제로 사업에 지대한 영향을 미치기 때문이다. 컨설팅사 언스트앤드영(EY)이 지난해 말 글로벌 기업 CEO 1,200명을 대상으로 실시한 설문 조사에 따르면, 응답자의 97%가 "지정학 위험으로 계획했던 투자 전략을 변경한 적이 있다"고 했다. 44%는 투자 연기, 41%는 공급망 재편, 34%는 시장 철수, 32%는 투자 중단을 단행했다고 답했다. EY는 "최근 세계 곳곳에서 포퓰리즘과 민족주의가 확산하며 많은 정부가 강력한 경제 통제권을 행사하고 있어 기업의 불확실성이 커졌다"고 진단했다.

일례로 영국의 거대 에너지 기업 BP는 지난해 러시아의 우크라이나 침공 이후 보유 중이던 러시아 국영 석유 회사 로즈네프트가 지분 19.75%를 매각했다. 영국 정부가 푸틴 정권과 거래하는 영국 기업에 "관계를 끊으라"고 공개 요구했기 때문이다. 아이폰을 납품하는 애플의 핵심 협력 업체인 대만 폭스콘은 최근 탈세 및 불법 토지 사용 혐의로 중국 당국 조사를 받고 있다. 궈타이밍 폭스콘 창업자가 내년 1월 치를 대만 총통 선거 출마를 선언하자 친중계 표가 분산될 것을 우려한 중국 당국이 움직인 것으로 관측된다.

하버드비즈니스리뷰는 "과거 서구 기업은 지정학을 부차적 관심사로 여겼지만 이제 비즈니스와 정치를 분리할 수 없으며, 많은 상황에서 기업도 국가 정체성을 지닌 정치 행위자로 여겨진다는 사실을 깨닫고 있다"고 했다.

— **한경진** 기자
(조선일보 2023년 11월 9일)

## 글쓰기 생각쓰기 연습

**1** 다국적 기업에서 '지정학 전략'이 중요한 경영상 변수로 떠오른 배경은 무엇인가요?

**2** 정·관계 거물을 영입한 컨설팅사가 기업에 제공하는 '지정학 컨설팅'의 내용은 무엇인가요?

**3** 기사의 마지막 부분에 있는 〈하버드비즈니스리뷰〉의 인용문을 옮겨 적어보세요.

정답은 QR코드를
찍어서 확인하세요!

경제/시사
# 36 세계 주요국 "용량 변경 고지해야"

**시사 이슈 따라잡기**

> 맥주 5㎖·참치 10g 슬쩍 빼…
> "숨긴 인플레는 사기" 용량 변경 표시 의무화

말도 없이 용량을 줄이는 '꼼수'로 소비자를 속이려는 기업이 늘고 있다.

게티이미지코리아

"이건 사기이고, 추악한 일입니다." 브뤼노 르메르 프랑스 재정경제부 장관은 지난 9월 '슈링크플레이션(shrinkflation)'과의 전쟁을 선언하며 이렇게 말했다. 그는 "더 적은 용량에 더 많은 돈을 내게 하는 관행이 늘고 있고, 이는 용납할 수 없는 방식"이라고 했다. 프랑스는 제조 업체들이 제품 용량을 줄일 때 변경 사항을 크게 표시해 소비자들이 알 수 있도록 하는 법안을 지난달 발의했다.

고물가 시대 기업이 가격을 올리는 대신 용량이나 주요 재료 함량을 줄여 가격을 올린 것과 같은 효과를 누리는 슈링크플레이션이 전 세계를 덮치고 있다. 기업들의 가격 인상은 소비자 저항과 정부 압박을 극복해야 한다. 하지만 말도 없이 용량을 줄이는 '꼼수'로 소비자를 속이려는

### 슈링크플레이션 (shrinkflation)

양을 줄인다는 뜻의 '슈링크(shrink)'와 물가 상승을 뜻하는 '인플레이션(inflation)'의 합성어. 기업이 제품 가격을 그대로 두면서 용량은 줄이는 식으로 가격 인상 효과를 노리는 것을 말한다.

용량을 줄이면 그만큼 가격 인상을 한 셈이다. 일종의 '숨은 인플레이션'이다.

기업이 늘고 있는 것이다. 우리나라 식품 업체들도 지난해부터 올해까지 과자와 냉동식품, 주류 등의 용량을 슬그머니 줄이고 있다.

### "표시만 하면 불법 아냐" 허점에 주요국 '고지 의무화'

우리나라를 비롯해 미국, 영국 등 주요 국가들은 제품 포장지에 소비자가격과 함께 중량·개수 등을 표시해야 한다. 하지만 표시 내용이 바뀔 때 고지할 의무는 없다. 정지연 한국소비자연맹 사무총장은 "제품 용량을 은근슬쩍 줄여버리면, 소비자들은 눈뜬 채로 가격이 오르는 걸 당하고 있어야 하는 셈"이라고 했다. 아무도 알아채지 못한다면 몰래 용량을 줄이는 게 가능하다는 것이다. 일례로 국내에서 풀무원이 지난 3월 9,000원짜리 핫도그 1봉지의 핫도그 개수를 5개에서 4개로 줄였지만, 최근에야 알려져 논란이 됐다. 맥주 한 캔 용량을 375mL에서 370mL로 1.3% 줄이면, 사실상 그만큼 가격 인상을 한 셈이다. 일종의 '숨은 인플레이션'이다.

지금까진 각국 소비자단체와 유통 업체 등이 슈링크플레이션의 감시자 역할을 해왔다. 미국 소비자가격 정보 사이트인 '마우스 프린트'의 에드거 드워스키 대표 등이 대표적이다. 그는 게토레이 페트병 용량이 32온스(oz)에서 28온스로 바뀐 사실 등을 고발했다. 지난 9월엔 프랑스 대형 마트 '카르푸'가 가격 인하 없이 용량이 적어진 제품에 대해 '슈링크플레이션'이라는 스티커를 붙여 화제가 되기도 했다.

프랑스 대형 마트 '카르푸'가 가격 인하 없이 용량이 적어진 제품에 대해 '슈링크플레이션'이라는 스티커를 붙여 화제가 되기도 했다.

각국 정부마저 발 벗고 나섰다. 브라질은 지난해부터 제품 용량을 바꾸면 소비자에게 6개월간 알리도록 하는 법안을 시행하고 있다. 러시아는 지난 6월 리터(L) 또는 kg당 가격을 포장지에 표시하는 법안을 발의했다. 독일 정부도 슈링크플레이션 대응 법안을 추진하겠다고 밝혔다.

### '품목별 물가 담당' 세운다지만… "단위 가격 강조해야"

우리나라는 이달 들어 28품목에 대해 전담 공무원을 배치하고 '물가 잡기'에 나서고 있다. 품목별 물가 동향을 관리하고, 업체와 소통하며 물가 인상 요인을 잡는다는 것이다. 여기엔 슈링크플레이션 대책도 추가될 수 있을 것으로 보인다. 이은희 인하대 소비자학과 교수는 "전담 공무원들이 업체와 협의 과정에서 가격뿐만 아니라 용량도 건드리지 않도록 요청할 수 있을 것"이라고 했다. 하지만 석병훈 이화여대 경제학과 교수는 "품목별로 물가를 잡겠다는 식의 접근은 단기적으로 가격이 안정된 것 같은 착시효과를 주지만, 점점 업체들의 '꼼수 인상' 등을 초래해 나중에 더 큰 폭의 가격 상승을 유발한다"고 했다.

이에 해외처럼 용량이 바뀌는 걸 소비자에게 크게 알리도록 의무화해야 한다는 지적이 나온다. 허준영 서강대 경제학부 교수는 "향후 경기가 좋아져도 줄어든 용량을 돌려놓을 것이란 보장이 없다"며 "소비자가 쉽게 인식할 수 있을 만큼 변경 사항을 제품에 적도록 하는 정책이 필요하다"고 했다. '단위 가격 표시제'를 활성화하는 방안도 거론된다. 현재 대형 점포에선 가공 식품(62개), 일용 잡화(19개), 신선 식품(3개) 등의 판매 가격과 함께 단위 가격을 표시하게 돼 있다. 우유 1리터(L) 상품에 100mL당 가격을 써놓게 하는 식이다. 정부 관계자는 "소비자단체와 소비자원 등이 판매 가격은 그대로인데 단위 가격이 높아진 품목 등을 조사해 공표하고, 소비자들도 단위 가격을 살피는 습관을 들여야 한다"고 했다. ●

— **강우량** 기자
(조선일보 2023년 11월 13일)

 가격을 올리는 대신 용량을 줄여 가격을 올린 것과 같은 효과를 누리는 것을 무엇이라고 하나요?

경제/시사 37

시사 이슈 따라잡기

## WP "美 팁 제도 기준 없고 엉망"

❝ 카페에서도 팁 달라고?… 팁의 본고장 미국이 혼란에 빠졌다 ❞

태블릿PC로 주문받는 매장이 늘면서 거의 모든 서비스 업종이 팁을 선결제로 요구하고 있다.

게티이미지코리아

커피 한 잔을 테이크아웃하면서 팁을 내야 할까. 팁의 본고장인 미국이 최근 혼란에 빠졌다. 최근 태블릿PC로 주문을 받는 매장이 늘면서 패스트푸드점이나 커피숍 등 거의 모든 서비스 업종이 팁을 선결제로 요구하고 있기 때문이다. 이로 인해 미국인들조차 팁을 언제, 얼마나 내야 할지 불확실성에 빠졌다고 한다.

미 워싱턴포스트(WP)는 지난 9일(현지 시각) 여론조사기관 '퓨리서치'가 미국 성인 1만 1,945명을 대상으로 팁 문화에 대해 설문조사한 결과를 인용해 "팁 지불에 대해 통용되는 기준이 없어 불만이 터져 나오고 있다"고 보도했다. 그러면서 "미국 팁 제도는 한 마디로 엉망"이라고 했다.

퓨리서치 조사에 따르면, 응답자의 72%는 5년 전보다 팁을 요구하는 곳이 늘었다고 답했다. 또한 "팁을 의무"라고 생각하는 응답자는 29%, "팁은 선택 사항"으로 보는 응답자는 21%였다. 49%는 "상황에 따라 팁을 줄지 말지 판단한다"라고 답했다.

미국인들이 팁을 언제, 얼마나 내야 할지 불확실성에 빠졌다.

게티이미지코리아

패스트푸드점과 카페 등에선 팁을 주는 미국인이 현저히 적었다. 미국인의 92%는 앉아서 식사하는 식당에서 팁을 지불할 의사가 있다고 답했다. 미용실 78%, 술집 70%, 택시나 공유차량은 61% 순으로 팁을 지불한다고 밝혔다. 반면 카페나 패스트푸드점에서 팁을 준다고 답한 비율은 각각 25%, 12%에 그쳤다.

과거엔 고객이 내고 싶은 금액을 영수증에 적거나 계산대 유리통에 넣는 방식으로 팁을 지불해왔다. 그러나 최근 계산대 화면이나 단말기에 주인이 정한 팁 비율을 제안하는 곳들이 늘면서 이에 대해 불쾌감을 느끼는 응답자도 40%에 이르는 것으로 나타났다. 자동으로 팁을 부과하는 것에 반대하는 이들은 72%에 달했다. 이처럼 팁 금액 안내에 대해 불쾌감을 느끼면서도 언제 얼마를 내야할 지에 대해선 미국 소비자들이 여전히 혼란스러워한다고 WP는 전했다.

미 매체 월스트리트저널(WSJ)도 지난 5월 팁 문화를 둘러싼 미국 내 갈등을 소개한 바 있다. 매체에 따르면 비대면 결제시스템인 키오스크로 주문한 뒤 제품 가격의 10~20%를 팁으로 요구하는 안내 메시지에 대해 소비자들의 반발이 크다. 한 소비자는 팁 요구 메시지가 뜰 때마다 이를 거절하고 있다면서도 "일종의 감정적인 협박처럼 느껴진다"고 토로했다.

- **최혜승** 기자
(조선일보 2023년 11월 15일)

 미국의 태블릿PC 주문 매장들에서 팁을 선결제로 요구해 논란이 되고 있어요. 조사에 따르면 자동으로 팁을 부과하는 것에 반대하는 이들의 비율은 얼마인가요?

| 경제/시사 **38** | ## 아르헨·칠레 '비버' 대란 |  |

**시사 이슈 따라잡기**

❝ 귀엽다고 놔두다간 큰코 다칩니다… 모피 얻으려 들여왔다가 산림 황폐화 ❞

아르헨티나 최남단 티에라델푸에고주(州)는 한여름에도 평균기온이 영상 10도에 불과하다. 지난달 28일(현지 시각) 찾아간 이곳의 주도(州都) 우수아이아 근처 숲에는 스산한 공기가 깔려 있고, 멀리 눈 덮인 산이 펼쳐져 있었다. 발아래를 보니 잘린 나무 기둥들이 널브러져 곳곳이 황폐했다. 잘린 가지들은 톱 같은 인간의 도구가 아니라 무언가에게 갉아 먹힌 듯했다.

게티이미지코리아

범인은 설치류 동물 비버다. 비버는 강한 이빨로 나무를 갉아 쓰러뜨리고, 강으로 옮겨 나무 댐을 만들어 그 안에서 산다. 또 나무 안쪽의 연한 속살을 먹어치운다. 이 같은 특성을 지닌 비버가 무분별하게 번식해 남미 대륙 최남단 산림을 대규모로 황폐화하고 있다. 한국에서 폭발적 인기를 얻었던 만화 캐릭터 '잔망 루피' 모델로 친숙한 비버가 이곳에선 생태계 파괴자로 악명을 떨치고 있는 것이다. 아르헨티나와 칠레 정부는 골머리를 앓고 있다.

비버는 본래 미국, 캐나다 등 북미 토착종이다. 1946년 남미에 처음 유입됐다. 가죽을 활용해 모피 산업을 일으킬 목적이었다. 비버는 가축화할 수 없어 자연에 풀어 번식시키고 몸집이 커지면 덫으로 사냥하는 정책을 세웠다.

하지만 이 일대는 사냥 문화가 없었고, 막상 금전적 이득도 크지 않아 주민들은 비버를 방치했다. 북미와 달리 남미에는 곰, 늑대, 독수리 같은 비버의 상위 포식자도 없었다. 비버는 곧 왕성하게

아르헨티나 티에라델푸에고주 산림의 한 개울에 비버가 나뭇가지로 만든 댐이 설치돼 있다.

번식하기 시작했다. 처음 수십 마리를 들여온 지 70여 년이 지난 남미 남부에만 현재 10만~15만 마리가 서식하는 것으로 추정된다. 비버는 갉아 먹어서 나무를 없앨 뿐 아니라 가지를 쌓아 만든 '비버 댐' 때문에 물이 차올라 주변 나무가 대량으로 썩기도 한다. 북미 지역 소나무는 5년 정도면 다시 자라지만 이 지역에서 자라는 너도밤나무, 코아규 등은 자라는 데 수십 년이 걸린다. 비버가 파괴한 자생림은 회복하기 어렵다. 아르헨티나와 칠레에서만 비버가 각각 최소 연간 7,000만 달러(약 915억 원)의 경제적 피해를 일으키는 것으로 추산된다.

아르헨티나와 칠레는 뒤늦게 비버를 유해 외래종으로 규정했다. 유엔 식량농업기구(FAO)의 지원을 받아 '비버 사냥꾼'을 투입해 퇴치하기 시작했다. 하지만 코로나 대유행을 기점으로 퇴치 프로젝트가 중단됐고 연간 70만~100만 달러에 이르는 퇴치 비용 문제 등으로 산림 황폐화는 계속되고 있다. ●

– **서유근** 특파원
(조선일보 2023년 11월 10일)

**Pop Quiz**

남미에서 왕성하게 번식한 비버는 어떻게 산림을 황폐화하고 있나요?

경제/시사 39

## 전장 바깥은 '문화 전쟁'

**시사 이슈 따라잡기**

" 反이슬람 vs 反유대주의… 전 세계서 상호 비방·충돌 "

문화 전쟁이 전 세계 곳곳에서 벌어지는 이유로 '이코노미스트'는 소셜미디어를 지목했다.

게티이미지코리아

오스트리아 빈의 '빈 중앙묘지'의 장례식장 건물에서 1일(현지 시각) 방화로 추정되는 화재가 발생했다. 빈의 최대 공동묘지인 이곳은 가톨릭·개신교·유대교 등 고인의 종교에 따라 구역이 나뉘어 있는데, 불이 난 곳은 유대교 구역의 장례식장 건물이었다. 이 건물 외벽엔 나치 독일 상징 문양인 스와스티카와 유대인을 비난하는 낙서가 빨간 페인트로 칠해져 있었다. 전날 프랑스 파리 주택가 곳곳에서는 나치 독일의 유대인 박해와 학살을 상징하는 '다윗의 별' 낙서 60여 개가 발견됐다.

영국 런던의 한 팔레스타인 음식점은 지난달 7일 시작된 이스라엘·하마스 전쟁 이후 하루에 20여 건의 협박 전화를 받아 몸살을 앓고 있다고 BBC가 보도했다. 식당 주인은 "두려움에 일을 그만둔 직원도 있다"고 했다. 지난달 14일 미국 시카고 남서부 근교의 한 70대 남성이 자신의 집에 세 들어 사는 6세 팔레스타인 소년을 여러 차례 흉기로 찔러 숨지게 한 사건이 발생했다. 범인은 중동 관련 뉴스를 보고 화가 나 범행을 저질렀다고 미 최대 무슬림 단체인 미국이슬람관계위원회(CAIR)가 전했다.

가자지구의 이슬람 무장 단체 하마스와 이스라엘 간 전쟁이 4주째에 접어드는 가운데, 세계 각지에서 반(反)이슬람·반유대인 정서가 동시다발적으로 터져 나오며 심각한 갈등을 일으키고 있다. 이스라엘 민간인 1,300여 명을 납치·학살한 하마스의 극악무도한 테러리즘에 쏠렸던 관심은 이스라엘이 하마스의 '민간인 인간 방패' 전술에도 가자지구 지상전을 밀어붙이고, 이로 인해 9,000명에 육박하는 민간인 사상자가 나면서 출신 민족(ethnicity)간, 이념 간, 세대 간 공방으로 확산하고 있다. 영국 주간 이코노미스트는 "세계 각국에서 벌어지는 이러한 갈등이 전방위적 글로벌 '문화 전쟁(culture war)'으로 확대되는 양상"이라고 분석했다.

전쟁 이후 확인된 반유대주의 범죄는 영국과 프랑스 기준 각각 805건, 819건에 이른다. 이슬람 증오 범죄도 개전 후 일주일간 미국에서 집계된 건수만 774건에 달한다. 미국 뉴욕 컬럼비아대에선 1일 힐러리 클린턴 전 미 국무장관이 연사로 나선 '평화 절차에 대한 여성의 참여' 강의 중반에 300여 명 학생 중 30여 명이 일어나 퇴장하는 일이 벌어졌다. 앞서 일부 학생이 '전쟁과 사상자에 대한 책임은 이스라엘에 있다'며 반이스라엘 시위를 벌이자, 이스라엘 지지 단체가 학교 앞에 전광판 트럭을 세워놓고 이들의 얼굴을 '반유대주의자'라며 공개해버리면서다. '퇴실 시위'를 벌인 이들은 "학교 측이 학생들의 개인 정보(사진)를 보호하지 않았고, 공개 단체에 법적 조치도 하지 않는다"며 비난했다. 하버드·코넬·펜실베이니아 등 미국의 유명 대학에서 유사한 충돌이 잇따라 발생하고 있다.

이 같은 문화 전쟁이 전 세계 곳곳에서 벌어지는 이유로 이코노미스트는 소셜미디어를 지목했다. 이코노미스트는 "(이용자들이) 더 많은 조회 수와 '좋아요'를 얻기 위해 자극적 내용을 퍼나르며, 이용자가 선호하는 내용만 추천하는 소셜미디어 특성 탓에 갈등만 증폭되고 있다"고 분석했다.

가자지구 지상전이 본격화하면서 민간인 사상자는 늘어나고 있다. 하마스가 통제하는 가자지구 보건부는 1일 "지난 이틀간 공습으로 가자 북부 자발리아 지역에서 팔레스타인인이 최소 195명 사망했다"고 발표했다. 이에 따라 지난달 7일 개전 이후 하마스 측이 집계한 팔레스타인 사망자는 8,796명으로 늘어났다. 하루 평균 338명꼴이다. 중동 국가들에 이어 유엔에서도 "국제법상 전쟁범죄에 해당할 수 있다"는 의견이 나왔고, 유럽연합(EU)도 "인도주의적 참사 확대가 우려된다"고 했다. 요르단·콜롬비아·칠레는 자국 주재 이스라엘 대사를 초치해 항의했고, 볼리비아는 이스라엘과 단교를 선언했다. ●

— **정철환** 특파원
(조선일보 2023년 11월 3일)

## 글쓰기 생각쓰기 연습

**1** 기사에서 소개하고 있는 '문화 전쟁'의 내용을 간략하게 정리해보세요.

**2** '문화 전쟁'이 전 세계 곳곳에서 벌어지는 이유로 〈이코노미스트〉는 왜 소셜미디어를 지목하고 있나요?

**3** '문화 전쟁'에 대한 자신의 의견을 소셜미디어에 대한 생각과 함께 정리해보세요.

정답은 QR코드를
찍어서 확인하세요!

# 경제 뉴스 속으로

## CPI

'美 소비자 물가 지수(CPI)'에 주목하는 이유?
환율·금리 등 세계 경제에 영향 주기 때문

기준 금리 올려 美 CPI 상승세 둔화됐지만
달러 가치 높아지면서 다른 나라에는 타격

미국 소비자 물가 지수는 러시아와 우크라이나 전쟁을 기점으로 급등하기 시작했어요.

게티이미지코리아

언어·화폐·문화가 달라도 다른 나라와 소통하고 거래할 수 있어요. 대신 기준이 필요하죠. 국제 경제에서 기준이 되는 화폐, 기축통화는 '달러' 입니다. 미국은 기축통화국이자 세계 경제 규모 1위이죠. 즉, 미국 소비자들의 선택은 미국 경제에, 미국 경제 정책은 세계 각국 경제에 연쇄적으로 영향을 미치는 겁니다.

일상에서 자주 먹는 삼겹살, 아이스크림, 라면 가격이 오르면 물가 상승을 체감할 거예요. 이처럼 경제라는 개념을 파악할 수 있는 지표들이 있는데요. 그중에서도 '소비자 물가 지수(CPI·Consumer Price Index)'는 소비자가 구입하는 상품·서비스의 가격 변동을 나타내요. 예를 들어 소비자 물가 지수가 10% 상승한다는 건 과거에는 소득으로 충분히 구매할 수 있었던 상품 및 서비스의 양이 10% 감소한다는 것을 의미하죠.

국가는 CPI를 꼼꼼히 살필 수밖에 없어요. 국민이 벌고 쓰는 행위가 경제 성장을 좌우하기 때문이죠. CPI가 너무 오르면 국가는 금리를 인상해요. 대출하기엔 높은 이자가 부담스럽고, 높은 이자로 소비보다는 저축을 선택하기 때문이죠. 물건을 구입하려는 사람이 줄어들면 가격은 떨어져 CPI가 하강해요.

미국 소비자 물가 지수는 2022년 러시아와 우크라이나 전쟁을 기점으로 급등하기 시작해 2022년 6월 9.1%를 기록했어요. 2023년 7월 12일(현지 시각) 미국 노동부가 6월 미국 소비자 물가가 2022년 같은 달보다 3% 상승했다고 발표했어요. 2021년 3월(2.6%) 이후 2년 3개월 만에 가장 적게 상승한 거죠. 미국 중앙은행인 연방준비제도(연준)가 물가를 잡으려고 기준 금리를 올렸기 때문이랍니다. 상승세가 크게 둔화됐지만 아직 목표였던 2%대 상승보다는 높아요. 목표를 달성하기 위해 6월 제롬 파월 연준 의장은 2023년 두 차례 추가로 금리를 인상할 것으로 예고했어요. 미국이 금리를 인상하면 자국 내 물가 상승을 막을 수 있겠지만 달러가 연준으로 모여 국제 시장에서 달러의 가치가 높아져요. 달러에 비해 다른 화폐의 가치가 떨어져 다른 나라들은 타격을 입을 수밖에 없답니다.

게티이미지코리아

— 현기성 기자

# 2023년 하반기 꼭 알아야 할 시사 키워드

 사회/정치

1 남미에 온건 사회주의 정권이 들어서는 현상을 뜻하는 용어. 공산주의 유행을 뜻하는 '붉은 물결(red tide)'에 비해 상대적으로 밝다(온건하다)는 뜻으로 쓰이는 이 용어는? ☞ 핑크 타이드

2 최근 중국에서 유행 중인 호흡기 감염병으로, 3~4년 주기로 유행하며 주로 소아·청소년들의 감염률이 높은 이 질환은? ☞ 마이코플라스마 폐렴

3 덴마크 제약사 노보노디스크의 비만 치료제다. 심장마비와 뇌졸중으로 인한 사망 위험까지 크게 줄여준다고 알려진 이 의약품은? ☞ 위고비

4 정부는 비싼 법인차를 사적으로 쓰는 사례를 방지하기 위해 내년 1월 1일부터 8,000만 원 이상의 법인 소유 자동차에 '이 색상'의 번호판을 붙이도록 했다. 무슨 색인가? ☞ 연두색

5 모기 등에 의해 전파되는 바이러스성 전염병으로 이 병에 걸린 소는 고열과 함께 단단한 혹이 생긴다. 2022년 인도에서 소 15만 마리를 폐사시키고 최근 국내서도 발생한 이 병은? ☞ 럼피스킨병

6 미국 사전 출판사 미리엄-웹스터는 2023년 '올해의 단어'로 '진짜'란 뜻의 이 단어를 선정했다. 선정 이유는 "무엇이 진실인지 가려내기 어려운 시대이기 때문"이다. 이 단어는? ☞ authentic

7 한화에어로스페이스의 궤도형 보병전투장갑차로 최근 호주와 129대의 계약 체결을 맺으며 우수성을 전 세계적으로 인정받은 이 장갑차는 무엇인가? ☞ 레드백

8 부동산 투기 방지를 위해 일정 규모 이상의 토지를 거래할 때 시/군/구청장의 허가를 받아야 한다. 최근까지 이 구역으로 설정돼 규제를 받던 강남구 삼성·청담·대치동과 송파구 잠실동의 비아파트만 이 구역에서 해제됐는데, 이 구역을 무엇이라고 부르는가? ☞ 토지거래허가구역

9 주로 필수 진료과인 외과, 흉부외과, 응급의학과, 신경과 의사로, 의료 최일선에서 환자의 생명을 직접 다루는 의사를 뜻하는 말은? ☞ 바이털의사

10 '주전자 뚜껑을 덮어 김을 막는다'는 데서 유래했다. 경찰이 집회 참석자들을 철제 울타리 등으로 포위해 이동 반경을 엄격히 제한하는 전술은? ☞ 케틀링 전술

11 특정 가수의 똑같은 앨범을 구매했다가 버리는 행위를 일컫는 말로, 아이돌 멤버의 얼굴 사진이 새겨져 있는 포토 카드 등을 얻기 위해 아이돌 팬들 사이에 유행하고 있는 이 행위는 무엇인가? ☞ 앨범깡

12 올해 7월부터 지하철, 버스 통합 정기권이 도입된다. 대중교통을 월 21회 이상 이용할 경우 연간 최대 21만 6,000원을 돌려주는 버스 정기권의 이름은? ☞ K-패스

13 서울 마포구 상암동 월드컵공원에 1,440명이 탑승할 수 있는 대관람차가 설치된다. 지름 180m로, 완공되면 세계에서 둘째로 높은 관람차가 될 이 대관람차의 이름은? ☞ 서울 트윈아이

## 경제/경영

1 '챗GPT의 아버지'로 불리는 오픈AI의 최고경영자. AI(인공지능) 사업화를 서두르는 '급진파'로 오픈AI에서 해고됐다가 직원들의 반발로 닷새 만에 복귀한 인물은? ☞ 샘 올트먼

2 고객 자금 약 13조 원을 빼돌린 혐의 등으로 기소돼 최근 미국 뉴욕 남부연방법원 배심원단으로부터 유죄 평결을 받은 미국 가상화폐 거래소 FTX 창업자는? ☞ 샘 뱅크먼프리드

3 '하얀 석유'라고 불리는 이 광물은 배터리 5대 핵심 광물 가운데 하나로, 전 세계 생산량의 46.7%를 호주가 차지한다. 이 광물은 무엇인가? ☞ 리튬

4 실제로는 환경친화적이지 않지만 소비자들의 마음을 사려고 친환경 경영을 하는 것처럼 위장하는 행위를 일컫는 말은? ☞ 그린워싱

5 기업이 제품 가격과 용량은 그대로 두면서 값싼 원료로 대체해 실질적으로는 가격 인상 효과를 얻는 경제 용어는? ☞ 스킴플레이션

6 급변하는 국제 정세로 곡물 가격이 불안한 상황에서 예측하기 힘든 기후변화가 식재료 물가를 올리는 현상은? ☞ 그린플레이션

7 가짜 주문을 내고 제품 리뷰를 달아 특정 제품이 아마존, 알리바바 등 온라인 플랫폼에서 상단에 오르도록 하는 사기 수법은? ☞ 브러싱 스캠

8 주식 선물시장의 과도한 변동성으로 인한 현물시장의 영향을 최소화하기 위한 제도로, 발동되면 주식시장 프로그램 매매 호가의 효력이 5분간 정지되는 이 제도는? ☞ 사이드카

**9** 세계 3대 통화이자 대표적 안전자산으로, 최근 정부의 정책 기조로 1990년 이후 달러 대비 가장 약세를 보이고 있는 이 통화의 이름은? ☞ 엔화

**10** 주가가 하락할 것으로 보고 갖고 있지 않은 주식을 빌려서 팔았다가 주가가 떨어져 차익이 생기면 되갚는 이 행위는 무엇인가? ☞ 공매도

**11** 지난 2013년 "한국 경제가 성장의 한계에 직면했다"면서 한국 경제를 '냄비 속 개구리'로 비유해 큰 주목을 받은 글로벌 컨설팅사 맥킨지가 10년 만에 내놓은 보고서 제목이다. 2040년까지 GDP 7만 달러 시대를 열기 위해 산업구조 개편, 인공지능(AI) 고급 인력 양성 등을 강조한 이 보고서의 제목은? ☞ 한국의 다음 상승 곡선

**12** 2024년 미국 대선 공화당 후보인 트럼프의 경제 정책을 일컫는 말이다. 감세, 규제 완화, 보호무역 등을 정책 기조로 삼는 이 정책의 이름은? ☞ 트럼프노믹스

**13** 페이스북·인스타그램을 운영하는 메타는 돈을 내면 '본인 인증 배지'를 부여하는 유료 서비스의 도입을 시도했다가 한국 이용자들의 반발을 샀다. 메타의 SNS 이용자가 정부 발행 신분증을 제출한 뒤 실제 본인임이 인증되면 '블루 배지' 마크를 계정 옆에 표시하는 이 서비스는 무엇인가? ☞ 메타 베리파이드

**14** 스마트폰, 노트북, 냉장고 등 전자제품에 생성형 AI를 탑재해 출시하는 제품을 뜻하는 이 단어는 무엇인가? ☞ 온 디바이스 AI

**15** 아마존닷컴의 게임 스트리밍 플랫폼이 망 사용료 부담이 크다는 이유로 한국 사업 철수를 선언했다. 이 플랫폼의 이름은? ☞ 트위치

국제

**1** 달러화를 자국 통화로 도입하고 중앙은행을 없애겠다는 과격한 공약으로 경제난에 지친 아르헨티나 국민들의 지지를 이끌어내 대통령에 당선된 후보의 이름은? ☞ 하비에르 밀레이

**2** 미국 국무부에서 직원들이 정책 방향과 관련해 정부 고위층에 직언하는 문서를 일컫는 말은? ☞ 반대 전문

**3** 올해 치러질 미국 대선에서 무소속으로 출마를 선언한 존 F. 케네디 전 대통령의 조카인 이 사람은? ☞ 로버트 F.케네디 주니어

**4** 내각 지지율과 집권당의 지지율 합이 50% 아래로 내려가면 정권이 와해된다는 일본 정치권의 경험칙은? ☞ 아오키의 법칙

**5** 나토와 바르샤바조약기구가 재래식 무기의 보유 상한을 설정하기 위해 1990년 체결한 것으로, 지난해

11월 러시아가 완전 탈퇴를 선언한 조약의 이름은 무엇인가? ☞ CFE · 유럽 재래식 무기 감축조약

**6** 탈북민 출신 인권운동가로 최근 미국의 과도한 'PC(정치적 올바름)주의'를 비판해 공화당 등 보수 진영의 주목을 받은 인물은? ☞ 박연미

**7** 1964년 중국은 첫 핵실험에 성공, 미국과 소련 영국 프랑스 등에 이어 핵무장 국가가 됐다. 이 핵실험 명칭은? ☞ 프로젝트 596

**8** 남미에서 북미로 가는 사실상 유일한 육상 경로로, 이곳을 통과한 난민 가운데 중국인이 최근 급증한 것으로 나타났다. 빽빽한 숲, 늪지대 등으로 악명 높은 이 정글의 이름은? ☞ 다리엔 갭

**9** 2005년 당시 9세이던 제시카 런스퍼드가 살해당한 것을 계기로 성범죄자가 학교, 공원 등에서 300m 이내에 살 수 없게 한 미국의 법안은? ☞ 제시카법

**10** 한 국가의 법원이 다른 국가의 공권력 행사에 대한 재판권을 행사할 수 없다는 국제법 원칙은? ☞ 국가 면제

**11** 스페인의 총리로 작년 말 의회 하원에서 인준이 통과돼 가까스로 재집권에 성공했다. 바르셀로나가 있는 카탈루냐 지역 분리주의자들의 사면을 약속해 대규모 반대시위로 곤란을 겪은 이 사람의 이름은? ☞ 페드로 산체스

**12** 영국 총리를 지내고 정치권을 떠난 지 7년 만인 작년 11월 영국 외무 장관으로 깜짝 복귀한 보수당 소속 정치인의 이름은? ☞ 데이비드 캐머런

### 문화/라이프

**1** 2009년 미국 라이엇 게임즈가 출시한 온라인 전투 게임 리그 오브 레전드(LoL)의 각국 리그 강팀들이 모여 그해 세계 최강팀을 가리는 대회는? ☞ 롤드컵

**2** 최근 외국인들에게 폭발적 인기를 얻으면서 위스키 가격을 크게 올리기로 해 소비자들의 원성을 자아낸 일본의 주류 업체 이름은? ☞ 산토리

**3** 일본 애니메이션 거장 미야자키 하야오의 새 작품으로, 어머니를 화재로 잃은 주인공 소년이 환상의 세계로 들어가 겪는 일을 다뤘다. 작가 오시노 겐자부로의 소설과 동명인 이 애니메이션의 이름은? ☞ 그대들은 어떻게 살 것인가

**4** 세계에서 이용객이 가장 많은 지하철역으로 기네스북에 오른 일본의 지하철역은? ☞ 신주쿠역

**5** 일본에서 개발한 과일 품종 중 하나. 당도가 높고 향이 달콤해 2010년대 중반부터 '선물용 고급 과일'로 인기를 끌었으나 수확량 증가로 가격이 폭락해 논란이 됐던 이 과일은? ☞ 샤인머스켓

**6** 조선 왕릉 40기 중 유일하게 일반에 공개되지 않았던 경기도 고양시의 왕릉이 지난해 개방됐다. 조선

제12대 왕인 인종과 그의 아내 인성왕후의 무덤인 이 릉은? ☞ 효릉

**7** 고급 소재의 옷을 간결하게 입는 클래식한 패션 스타일이다. 최근 Z세대가 빠진 조용한 럭셔리룩은?
☞ 올드머니룩

**8** 노린재목의 곤충으로 '베드버그'라고도 불리며 흡혈로 인한 가려움증 등 물린 사람에게 불편과 수면방해 등의 피해를 끼치는 이 곤충의 이름은? ☞ 빈대

**9** 지난 2016년 연예기획사 YG엔터테인먼트 소속으로 데뷔해 세계 최정상 걸그룹으로 성장했다. 지난해 11월에는 찰스 3세 국왕으로부터 대영제국훈장을 받기도 했다. 최근 재계약에 성공하며 팬들의 우려를 불식시킨 이 그룹의 이름은? ☞ 블랙핑크

**10** 정보라 작가의 이 작품은 미국을 대표하는 가장 권위 있는 문학상인 '2023 전미도서상'에서 번역 부문 최종 후보에 올랐다. 유일한 아시아권 작품이었던 이 책의 제목은 무엇인가? ☞ 저주토끼

**11** KBS 2TV 대하사극 '고려 거란 전쟁'의 주인공이자, 거란의 침략으로 일어난 귀주대첩을 승리로 이끈 고려의 장군은? ☞ 강감찬

### 스포츠

**1** 한 시즌 동안 최고 활약을 펼친 선수에게 주어지는 세계 축구계 최고 권위의 상, '발롱도르'를 2023년까지 총 8번 수상한 아르헨티나 출신 선수는? ☞ 리오넬 메시

**2** 최근 미국에서 인기몰이 중인 신흥 레저 스포츠. 테니스 구장의 절반 정도인 코트에서 구멍 뚫린 공을 탁구채 2배 크기의 패들(라켓)로 받아치는 종목은? ☞ 피클볼

**3** 지난해 미국프로농구(NBA)에서는 정규시즌 중에 처음 열리는 토너먼트인 '이 대회'를 개최했다. 'NBA 컵'이라고도 불리며 르브론 제임스가 MVP(최우수 선수)로 뽑힌 이 대회는? ☞ 인시즌 토너먼트

**4** 미국프로야구(MLB) 역사상 처음으로 '2회 만장일치 MVP' 기록을 세운 선수로, 지난해 역대 스포츠 선수 중 최고액을 받고 LA다저스로 이적해 화제가 되기도 했다. 이 선수의 이름은? ☞ 오타니 쇼헤이

**5** 인도 등지에서 가장 인기 있는 스포츠인 맨몸 스포츠 카바디는 공격자가 끊임없이 "카바디"라고 외치지 않으면 점수를 잃는다. 카바디의 뜻은 무엇인가. ☞ 숨을 참는다

**6** 작년 한 해 가장 뛰어난 여자 테니스 선수로 이름을 올렸다. US오픈이 끝난 뒤 아리나 사발렌카에게 잠시 1위 자리를 내줬지만, 작년 11월에 시즌 왕중왕전을 제패하며 1위를 탈환한 이 사람은?
☞ 시비옹테크

## 과학/IT

1 '실험실에서 만든 다이아몬드'라는 뜻으로 흑연에 높은 압력과 열을 가하거나 탄소를 겹겹이 쌓아 만든다. 천연 다이아몬드와 물리적, 화학적 성질이 같은 이것은? ☞ 랩 그로운 다이아몬드

2 인류에게 심각한 위험을 초래할 수 있을 정도로 고도의 기능을 갖춘 인공지능(AI)의 기초 모델을 뜻하는 말은? ☞ 프런티어 AI

3 넷플릭스 등 OTT와 달리, 인터넷과 연결된 스마트TV를 통해 광고를 보는 조건으로 각종 콘텐츠를 무료로 볼 수 있는 서비스를 일컫는 말은? ☞ FAST · Free Ad-Supported Streaming

4 적은 용량으로도 전기차 주행거리 1,000㎞ 이상을 구현할 수 있는 '꿈의 배터리'로 불린다. 전해질을 고체로 만들기 때문에 변형돼도 화재가 쉽게 일어나지 않는 배터리는? ☞ 전고체 배터리

5 구글이 새롭게 공개한 생성형 인공지능(AI)으로 시각, 청각 등을 활용해 텍스트뿐 아니라 이미지, 음성으로도 상호작용이 가능한 멀티모달 AI로 알려졌다. 이 AI의 이름은 무엇인가? ☞ 제미나이

6 일론 머스크가 이끄는 스페이스X의 지구 저궤도 위성통신 서비스의 이름은? ☞ 스타링크

7 지난해 12월 미국 식품의약국(FDA)이 첫 유전자 가위 치료제인 '이것'의 사용을 승인했다. 환자의 조혈모세포를 채취한 뒤 크리스퍼 유전자 가위를 이용해 헤모글로빈 생성을 방해하는 돌연변이 유전자를 잘라낸 후 환자 몸에 다시 주입해 안착시키는 방식으로 치료하는 이 약물의 이름은?
☞ 카스게비(=엑사셀)

8 주로 미용 목적으로 활용되던 이 약은 최근 신경계 질환 등의 치료 효과가 입증되며 사용 영역이 넓어지고 있다. 보툴리눔 톡신으로도 불리는 이 약물의 이름은? ☞ 보톡스

9 일론머스크가 세운 회사로, 소형 칩을 환자의 뇌에 직접 이식해 뇌파를 읽고 분석하며 각종 기기를 제어하는 시스템을 개발하는 이 회사의 이름은 무엇인가? ☞ 뉴럴링크

10 유럽이 세계 최초로 추진하고 있는 이 법은 인공지능 기술을 규제하기 위한 포괄적 법안으로 2026년경 발효되면 관련 규정 위반 시 최대 3,500만 유로(한화 약 497억 원)의 벌금이 부과될 수 있다. 이 법의 이름은 무엇인가? ☞ AI 규제법

11 서울 면적의 6배에 달하는 세계 최대 빙산으로, 남극 북부에 멈춰 있다가 최근 움직이기 시작해 관심을 끌고 있다. 과학자들은 빙산이 녹으면서 크기와 무게가 줄어 해류를 따라 이동한다고 판단하고 있는 이 빙산의 이름은? ☞ A23a 빙산

12 미국 항공우주국에서 올해 10월 발사 예정인 목성 위성 탐사선으로, 나사에서 행성이 아닌 위성 탐사만을 위해 우주선을 보내는 건 이번이 처음이다. 위성과 함께 일반인의 이름을 실어 보내는 '병 속 메시지' 이벤트로 유명해진 이 탐사선의 이름은? ☞ 유로파 클리퍼

## 〈신문은 선생님〉 2024년 상반기 글쓴이

| | |
|---|---|
| 전창용 | 『행복은 어디서 올까?』『서양 철학 멘토 18명의 이야기』 외 다수 저술<br>고전아카데미 원장 |
| 윤서원 | 서울 단대부고 역사 교사 |
| 이주은 | 건국대 문화콘텐츠학과 교수 |
| 전종현 | 디자인·건축 저널리스트 |
| 이윤선 | 과학 칼럼니스트 |
| 나지홍 기자 | 조선일보 편집국 경제부 |
| 강우량 기자 | 조선일보 편집국 경제부 |
| 김은정 기자 | 조선일보 편집국 경제부 |
| 김지섭 기자 | 조선일보 편집국 경제부 |
| 유석재 기자 | 조선일보 편집국 문화부 |
| 서유근 특파원 | 조선일보 편집국 국제부 |
| 정지섭 기자 | 조선일보 편집국 국제부 |
| 정철환 특파원 | 조선일보 편집국 국제부 |
| 성유진 기자 | 조선일보 편집국 테크부 |
| 유지한 기자 | 조선일보 편집국 테크부 |
| 최인준 기자 | 조선일보 편집국 테크부 |
| 한경진 기자 | 조선일보 편집국 테크부 |
| 황규락 기자 | 조선일보 편집국 테크부 |
| 이혜진 기자 | 조선NS 취재팀 |
| 최혜승 기자 | 조선NS 취재팀 |
| 오누리 | 어린이 조선일보 기자 |
| 이영규 | 어린이 조선일보 기자 |
| 조한주 | 어린이 조선일보 기자 |
| 현기성 | 어린이 조선일보 기자 |

### Pop Quiz 정답

**12p** 루소의 사회계약론과 자유·평등·박애의 사상. **20p** 반구대 암각화 **24p** 태조(1대), 세조(7대), 영조(21대), 철종(25대). **28p** 세계 해전에서 보기 드문 정교한 포위 섬멸전인 동시에 왜군의 수륙병진 작전을 결정적으로 좌절시킨 전투이기 때문이다. **37p** 국가 간 형제애, 상비군 폐지나 축소, 평화 회의 개최와 진흥을 위해 최대 또는 최고의 일을 한 사람에게 준다고 명시돼 있다. **41p** (자신의 의견을 자유롭게 적어보세요.) **51p** '전망'이란 뜻의 베두타(veduta) 그림. **55p** 디지털 드로잉으로 이미지를 구상하고, 이를 캔버스에 에어브러시로 그리거나 3D 프린터를 이용해 조각으로 만드는 방식이다. **63p** 대도시의 불특정성과 특이성을 투영한 실험적 건축으로 알려졌다. 낯설고 신선한 자극을 주는 지점을 강조하고, 역동적인 내부 동선과 다양한 재료를 사용하는 특징이 있다. **66p** 승객은 역의 실제 위치보다 어떻게 원하는 역까지 빨리 갈 수 있고, 어디서 열차를 갈아타는지에 더 관심이 있다는 점에서 착안한 것이다. **73p** 헛간올빼미라는 뜻의 '반 아울(barn owl)'. **75p** 여느 두루미처럼 습지에서 물고기나 물풀을 먹지 않고 풀숲에서 곤충을 주로 잡아먹기 때문에 식습관에 맞게 부리 모양이 바뀐 것이다. **77p** '가짜 범고래'라는 뜻의 '폴스 킬러 웨일(false killer whale)'. **84p** 큐브 위성(큐브샛) **88p** 몸의 활동을 매우 낮은 수준으로 유지하면서 깊은 잠에 빠지는 현상을 말한다. **92p** 10만 개 이상의 신경섬유가 촘촘히 들어차 있는 코를 이용해 미세한 정보까지 빠르게 알아챌 수 있기 때문이다. **99p** 지구의 중력이 영향을 미치는 32㎞ 지점까지만 비행해 선내에 무중력이 생기지 않기 때문이다. **101p** 달에 묻힌 희귀광물 채굴과 서식지 건설 등 새로운 달 비즈니스를 통해 막대한 수익을 올릴 수 있기 때문이다. **104p** AI로 뇌의 신경 신호를 분석해 손의 반응 속도를 높이고, 평소 손 움직임 데이터를 학습해 반복 동작을 더 정교하게 구현할 수 있다. **107p** 유해가스 검출, 질병 진단, 식품 신선도 판별, 화재 조기 감지 등. **110p** 7.5㎢ **117p** 막대한 해외 일본 투자금이 본국으로 돌아오지 않는 것도 엔저를 심화시키는 이유이다. **119p** 경제 체질 개선에 필요한 구조개혁을 소홀히 한 역대 정부의 포퓰리즘 정책. **122p** 디플레이션 **125p** 개인은 기관보다 기업에 대한 분석 능력이 부족한데, 공매도는 최악의 경우 원금 이상의 손실을 볼 수 있는 고위험 투자이기 때문이다. **129p** 시장 상황에 따라 가격을 탄력적으로 자주 바꾸는 판매 방식을 말한다. **137p** 슈링크플레이션(shrinkflation) **139p** 72% **141p** 갉아 먹어서 나무를 없앨 뿐 아니라, 가지를 쌓아 만든 '비버 댐' 때문에 물이 차올라 주변 나무가 대량으로 썩기도 한다.